La química de las relaciones amorosas

Daphne Rose Kingma

La química de las relaciones amorosas

EDICIONES URANO
Argentina - Chile - Colombia - España
Estados Unidos - México - Venezuela

Título original: *The types 9 of lovers*
Editor original: Conari Press, Berkeley (California)
Traducción: Amelia Brito

Reservados todos los derechos. Queda rigurosamente prohibida, sin la autorización escrita de los titulares del *Copyright*, bajo las sanciones establecidas en las leyes, la reproducción parcial o total de esta obra por cualquier medio o procedimiento, incluidos la reprografía y el tratamiento informático, así como la distribución de ejemplares mediante alquiler o préstamo públicos.

Publicado por acuerdo con Harper San Francisco, división de HarperCollins Publishers Inc., Nueva York.

© 1999 *by* Daphne Rose Kingsma
© 2001 *by* EDICIONES URANO, S.A.
   Aribau, 142, pral. - 08036 Barcelona
   www.mundourano.com

ISBN: 84-7953-384-6
Depósito legal: B-28.731-2001

Fotocomposición: FD Autoedició, S.L. - Muntaner, 217 - 08036 Barcelona
Impreso por Romanyà Valls, S.A. - Verdaguer, 1 - 08786 Capellades (Barcelona)

Impreso en España - *Printed in Spain*

Dedicado a Molly, que lo inspiró.

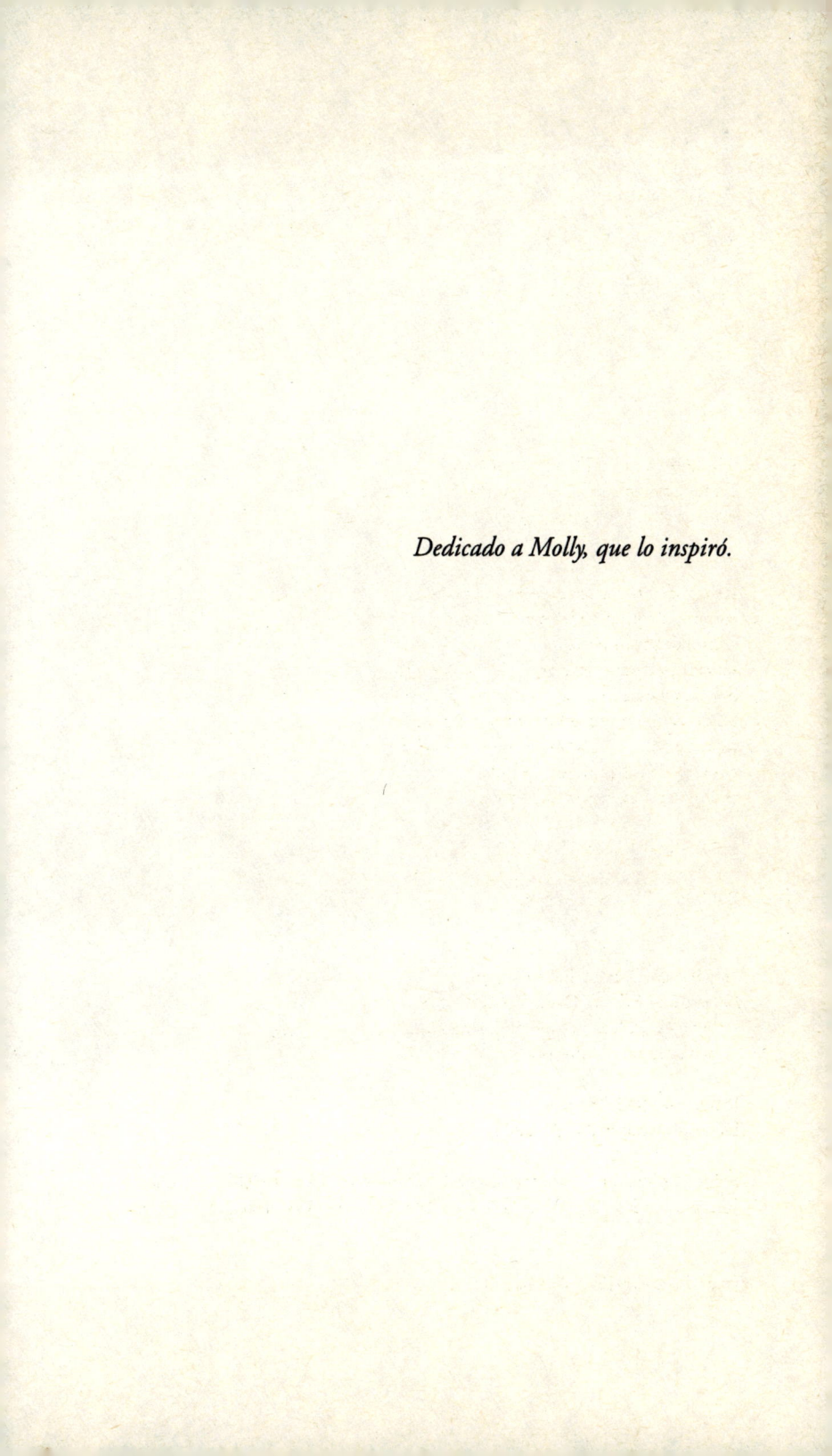

Índice

Agradecimientos 9

Los tipos en el amor. Lo que de verdad dirige nuestras relaciones íntimas 11

1. El Buscador de atención 27
2. El Emotivo 45
3. El Flemático 63
4. El Escéptico 85
5. El Adicto al trabajo 101
6. El Perfeccionista 123
7. El Fantasioso 143
8. El Controlador 167
9. El Complaciente 187
10. Emparejamiento: Los tipos en el amor 209

Cuadro de los tipos de pareja 222

Agradecimientos

Con amor, gracias a las manos y los corazones que sostuvieron mi mano y mi corazón mientras escribía este libro:

A Yeshe Pama, por alimentarme y hacerme de hogar, y a Suntah por reunirnos.
A Patricia Mary Rose Robertson, por su curación, sus oraciones y sus cuidados.
A Arthur, por su presencia sagrada.
A Dave, por su ayuda.
A Laura, por su constancia.
A «Sarita», por estar siempre pendiente de todo.
A mi querida hermana Chris, por aguantarme.
A Al y Marianne, por estar ahí todavía.
A Will Glennon, por su constancia y su amor.
A mi correctora Mary Jane Ryan, por organizarlo todo de nuevo, y de manera tan hermosa.
A Don y Ana Li, que mientras tanto nos dieron espacio y armonía.
Y mucho amor a Molly, que ha estado conmigo todo el tiempo.

Los tipos en el amor

Lo que de verdad dirige nuestras relaciones íntimas

Este libro es una herramienta de descubrimiento en el viaje hacia el amor, ya sea que desees encontrar a una persona con quien tener una relación satisfactoria o simplemente hacer más placentera tu relación actual.

Estoy convencida de que en esta vida, el amor es el único viaje que vale la pena emprender. Enamorándonos y viviendo nuestras relaciones personales íntimas es como tenemos el placer de conocer a otra persona, compartir con ella nuestras experiencias vitales y gozar de la compañía emocional, sexual y simplemente cotidiana que duplica nuestras alegrías y reduce a la mitad nuestras penas. El amor es el mayor tesoro de ser seres humanos.

Si deseas tener una relación maravillosa y no la has conseguido todavía, o si en tu relación actual te sientes acosado por interminables quejas o problemas que nunca acaban de resolverse, quizá es que no comprendes del todo tu tipo de personalidad ni el de tu pareja, ni cómo se comunican vuestros respectivos tipos.

He escrito este libro porque me encanta enseñar cosas acerca del amor. De hecho, he dedicado mi vida profesional, tanto a través de mi consultorio como de mis libros, a ayudar a las personas a aprender a amar, explicándoles las actitudes, habilidades y prácticas que son esenciales para un ser humano que ama. También he escrito acerca de cómo poner fin a una relación y pasar por el proceso emocional de la separación, de cómo desarrollar las habilidades concretas para el amor, de cómo entender mejor al ser amado, de cómo llevar la relación a un plano espiritual e incluso de cómo nuestro mundo de relaciones en su conjunto está avanzando hacia lo espiritual.

Sin embargo, últimamente he llegado a ver que, aunque está muy bien y es bueno tener grandes esperanzas e incluso ideales espirituales para la relación, si no se conocen algunos de los elementos básicos, como, por ejemplo, quién es uno como persona, y qué te estimula y estimula a tu pareja, las relaciones no salen tan bien como podrían. En resumen, al margen de lo elevados que sean nuestros ideales, todas las habilidades y actitudes del mundo no darán resultado a menos que también comprendamos nuestro tipo de personalidad y el de nuestra pareja, y cómo funcionan en una relación.

Esto se debe a que si bien cada persona es un ser humano único, con sus características de personalidad y esencia espiritual peculiares, también tiene uno de los nueve tipos de personalidad básicos que influyen en su forma de relacionarse con los demás. Y puesto que en el plano emocional es principalmente el tipo de personalidad lo que dirige nuestra forma de reaccionar en las relaciones, si no sabemos cuál es el nuestro y cuál el de nuestra pareja continuaremos frustrados y confusos en la relación que mantengamos. Así, la persona que amas continuará comportándose de ese modo que tanto te irrita y confunde. Y tú, de esa manera que siempre acaba poniendo un poco furiosa a tu pareja.

Por eso, después de todas las enseñanzas que he impartido acerca del amor, en esta obra he querido centrarme en el efecto que los diferentes tipos de personalidad ejercen en nuestras relaciones íntimas, para poderte ofrecer un mapa básico de lo que os está ocurriendo a ti y a tu pareja y os podáis amar mejor.

Ahora me viene a la memoria una pareja a la que estuve tratando durante varios años: Cada vez que entraban en mi consulta venían discutiendo acaloradamente sobre una u otra cosa. Aunque en cada sesión tratábamos algún problema, siempre que volvían traían otro consigo o estaban más frustrados que antes. Un día, exasperada, les pregunté: «¿Es que nunca os lo pasáis bien juntos?». «¡Oh, sí! —exclamaron al unísono—. La mayor parte del tiempo nos divertimos muchísimo. Lo que pasa es que tenemos un montón de problemas, y cuando venimos intentamos resolver las cosas que nos van mal y no las que nos van bien». «Para él nada tiene importancia», dijo ella. «Y ella es una exagerada», respondió él.

Como casi todos, esta pareja tenía unos cuantos problemas recurrentes en su relación. Problemas que existían no porque tuvieran una mala relación o no se quisieran, sino por el modo en que interaccionaban sus diferentes personalidades. Y estos problemas ponían de manifiesto lo que la mayoría experimentamos en nuestras relaciones: conflictos generados por la interacción de dos tipos de personalidad diferentes que enfocan de formas muy distintas la vida y la relación. Y puesto que esto es así, cuanto más comprendamos y valoremos esas diferencias, más armoniosas y felices serán nuestras relaciones.

Tú y tu personalidad

Cada ser humano tiene una personalidad que es bastante fácil de distinguir y que dice mucho acerca de uno mismo. Los rasgos concretos de la personalidad pueden estar tan arraigados y ser tan conocidos que la persona poseedora de ellos no los vea. Sin embargo, marcan en gran medida lo que nos gusta y lo que no nos gusta, nuestra manera de reaccionar ante las situaciones y acontecimientos y, sobre todo, nuestra forma de amar.

Nuestra personalidad es la consecuencia de las interacciones entre nuestro temperamento innato (los rasgos que heredamos de nuestros padres) y la enorme colección de todas las experiencias que hemos tenido en la vida. Está constituida por toda la constelación de comportamientos externos y sentimientos interiores que cada uno desarrolla en reacción a las situaciones que se le presentan a lo largo de su vida. La personalidad es el modo único y natural de cada persona de reaccionar ante la vida y de relacionarse en el mundo. En un sentido muy real, somos nuestra personalidad.

Las experiencias de la infancia influyen especialmente en la personalidad; por ejemplo, la casa en que vivimos, la forma en que nuestros padres se trataban el uno al otro y nos trataban a nosotros, el número de hermanos y el lugar de orden que ocupamos entre ellos, y, más que nada, lo que yo llamo el «problema vital», que es la principal herida emocional que ha experimentado la persona, así como todos los comportamientos que ha ido adoptando para arreglárselas a la hora de compensar, evitar o superar la dolorosa carga emocional de esa herida.

Dado que las heridas y los mecanismos compensatorios se han producido como consecuencia de esas experiencias tan comunes en la vida, como el abandono, el maltrato o descuido emocional, enfermedades graves, el sentimiento de traición o la muerte de un progenitor, resulta que hay un número limitado de tipos de personalidad básicos. Es decir, hay un número previsible de modos en que los seres humanos reaccionamos ante determinados acontecimientos, y es precisamente esta constelación de reacciones típicas lo que forma la esencia de un determinado tipo de personalidad.

A medida que leas las descripciones de los nueve tipos de personalidad, irás viendo la herida emocional y los mecanismos compensatorios de cada uno de ellos y, por lo tanto, el modo en que suelen comportarse en las relaciones íntimas.

Los tipos de personalidad en el amor

A lo largo de los años han surgido numerosos sistemas de tipos de personalidad, entre ellos, el ideado por el famoso psicólogo Carl Jung, bastante complejo; también el llamado Eneagrama, que define varios tipos y subtipos de personalidad, y el análisis de la personalidad de Myers-Briggs, que clasifica a las personas en dieciséis tipos muy diferenciados.

No obstante, los tipos de personalidad que vamos a explorar en este libro no se basan en ninguno de estos sistemas, sino más bien en mi observación de las relaciones de miles de personas y en más de veinticinco años de terapia clínica para ayudarlas a entenderse a sí mismas y entender a sus parejas.

Todo esto me ha llevado a definir nueve tipos de personalidad predominantes en el amor, cada uno con sus características distintivas. Esos tipos son más o menos como las otras categorías que usamos para describirnos. Por lo tanto, del mismo modo en que a las personas se las distingue por el color de sus cabellos (rubias, morenas, pelirrojas y de cabellos negros azabache) o de sus ojos, por su complexión, por el grupo sanguíneo o por la nacionalidad, también se las distingue por la personalidad.

Aunque todos tenemos esta característica psicológica llamada personalidad, que en cada uno es única, hay algunos rasgos predominantes que nos colocan en un determinado tipo de personalidad y nos asemejan notablemente a otras personas que también los poseen. Y si bien es cierto que los rasgos concretos de cada uno de los tipos de los que hablo aquí no forman el total de la personalidad, como tampoco describen por completo el tipo, ponen de manifiesto la esencia general de las personas en un grado importante.

Como es lógico, dentro de cada tipo básico hay muchas diferencias, ya que se pueden tener rasgos de varios de ellos. Es lo mismo que las personas que tienen el grupo sanguíneo AB; pues bien, algunos somos una mezcla de dos tipos, con predominio de uno. No es mi objetivo delinear aquí todos los posibles subtipos ni variaciones, que son tan infinitos como únicas las personas, sino más bien explicar los nueve tipos principales de amantes: el Buscador de atención, el Emotivo, el Flemático, el Escéptico, el Adicto al trabajo, el Perfeccionista, el Fantasioso, el Controlador y el Complaciente.

Una mirada a tu pareja actual o posible

Cuando nos enamoramos no vemos ningún defecto en la otra persona; él es el más inteligente y dulce; ella, la más encantadora y hermosa. Pero con el tiempo comenzamos a centrar nuestra atención en todas las cosas que nos irritan y molestan. Por lo tanto, en ninguno de los dos casos vemos el cuadro completo. Esto se debe a que todos, al margen de nuestro tipo de personalidad, tenemos rasgos y cualidades que a la vez cautivan e irritan a los demás (y a nosotros mismos). Cada tipo de personalidad tiene su anverso y su reverso, y es esa mezcla de lo fabuloso y lo irritante lo que nos cautiva al principio y después nos mantiene comprometidos y en crecimiento en las cuestiones amorosas y de relaciones íntimas.

A medida que leas la descripción de cada uno de los tipos, probablemente descubrirás que justamente las cosas que al principio te atraen son las que con el tiempo te irritan y son causa de fricciones en tu relación. No te alarmes. Ningún tipo es perfecto, y esas diferencias cautivadoras e irritantes son el grano para el molino de la relación, ya que te ofrecen la oportunidad de profundizar más en el amor, de crecer en el ámbito personal y de llegar a un mayor entendimiento.

Veamos, por ejemplo, el tipo Controlador. Personas tremendamente capacitadas para estar al tanto de la hora, ordenar un cajón, archivar documentos y dejar entreabierta la ventana por la noche para que la ventilación sea la adecuada. Es decir, maravillosas para tenerlas cerca, ya que si te van a hacer una inspección de Hacienda, ellas habrán ordenado todos los recibos, o si tienes una avería en el coche en un tramo desierto de la autopista, seguro que llevan la llave que necesitas en la caja de herramientas del maletero. Ahora bien, por contra, siempre esperan que todo el mundo obre de acuerdo con sus normas, y se ofenden si llegas tres minutos tarde, aunque el retraso se haya debido a que has tenido un accidente en el que casi te dejas la piel, o si, Dios no lo quiera, has archivado la factura del gas donde no correspondía.

Al igual que los controladores, cada tipo tiene sus problemas y reacciones extremas, y continuamente se estrellan contra los problemas y reacciones extremas del otro. Pero si los problemas que surgen continuamente en la relación de pareja sólo sirven para construir una montaña de frustración, no serán felices durante mucho tiempo. Ahora bien, si los dos comienzan a ver que esas divergencias ponen de manifiesto sus diferentes tipos de personalidad, pueden embarcarse en un interesante proceso de conocerse mutuamente de un modo profundo y verdaderamente íntimo. Aprender las diferencias entre el tipo propio y el de la pareja es algo fascinante; después de todo, una de las alegrías de mantener una relación es conocer a alguien que no sea un clon de ti mismo.

Conocer los nueve tipos de amantes también puede influir en la elección de pareja. Mi amigo Bill, que ha tenido muchísimas dificultades para encontrar una relación estable, me contó que para ayudarse a elegir a una persona compatible decidió revelarle a cada una de las mujeres con quienes saliera un secreto de familia. Con esa idea, después de quedar un par de veces, les contaba a todas ellas que su padre había sido un maniaco-depresivo, que toda su vida había necesitado medicarse, y que al final, cuando él tenía quince años, se suicidó. Dado que la muerte de su padre era un problema emocional gigantesco para él, quería ver cómo reaccionaba cada una de ellas ante eso.

Una lo escuchó y enseguida cambió de tema; se puso a hablar del nuevo ordenador que acababa de comprarse: «Es fantástico, tiene de todo, es de lo más avanzado»; estaba deseosa de usarlo para hacer los cientos de gráficas de ventas que tenía que preparar en su nuevo trabajo.

Otra le dijo: «Cuánto lo siento. Debió de ser realmente terrible para ti».

La tercera le soltó: «Bueno, eso ocurrió hace veinte años».

Y la cuarta: «¿Sabes?, acabo de recordar que debo hacer una llamada muy importante». Le pidió disculpas por levantarse de la mesa y se fue en busca del teléfono público del restaurante.

Con esto, Bill descubrió la amplia variedad de reacciones que pueden tener las personas ante casi cualquier información. De hecho, la reacción de cada una de ellas se correspondía con su tipo de personalidad: la primera una Buscadora de atención; la segunda, una Complaciente; la tercera, una Flemática, y la cuarta, una Adicta al trabajo. Después de escuchar sus respuestas, Bill comprendió que la segunda mujer le resultaba mucho más atractiva que las demás, aun cuando al comienzo le había atraído más la primera.

En resumen, cuanto más sepamos sobre un determinado tipo de personalidad, sus rasgos distintivos y lo que motiva a las personas de ese tipo, mejor elegiremos a nuestra pareja y más éxito tendrá la relación.

Aprender cómo las características cautivadoras (y a veces frustrantes) del tipo de personalidad de la pareja se traban con las propias también abre una puerta a nuevas posibilidades en las relaciones. La mayoría deseamos que nuestra pareja cambie de un modo u otro; si no lo hace, normalmente nos ponemos críticos, insistentes, exigentes y francamente pesados. En algún rincón del corazón sabemos que esos comportamientos no servirán para nada ni nos favorecerán, pero como nos sentimos frustrados, no sabemos hacer otra cosa.

Paradójicamente, es a partir de la comprensión y aceptación de las diferencias de la otra persona como se puede generar la atmósfera adecuada para que se produzcan los mayores cambios. A medida que vayas avanzando en la lectura de este libro verás que cada tipo de personalidad carga con un determinado problema emocional doloroso. Comprender cómo ha llegado a ser así la persona amada creará al instante algunos cambios en tu actitud. En lugar de juzgar o poner en marcha una campaña para modificar su comportamiento («no deberías hacer eso, es mejor que hagas esto otro»), podrás comenzar a mirar con comprensión al ser amado. Eso generará un nuevo grado de armonía en la relación y aumentará las posibilidades de que se produzcan los cambios deseados. Nadie puede cambiar cuando le apuntan con una pistola a la cabeza. Y tú y la persona que amas tampoco. La comprensión, la aceptación y el perdón son las reacciones que generan el ambiente para el cambio. Y nada mejor para crear ese ambiente que comprender los rudimentos de los diferentes tipos de personalidad.

¿Y tú?

Dado que una relación siempre es una calle de doble sentido y un asunto entre dos personas, mi finalidad aquí no es sólo ayudarte a comprender a tu pareja romántica o alentar el cambio en él o ella, sino también animarte a que te mires con más profundidad. ¿Qué te motiva? ¿Cuáles son tus formas normales de reaccionar y relacionarte? ¿Qué te ocurrió cuando eras pequeño? ¿Cuál es tu problema vital y cómo te has adaptado a él? ¿Cómo han influido tus rasgos de personalidad en la dinámica de tus relaciones íntimas? Estas son algunas de las preguntas que tendrás la oportunidad de responder.

A veces es difícil mirarnos a nosotros mismos. Estamos tan acostumbrados a vernos de un modo ya previsible que no somos capaces de ver en nosotros ciertas cosas que podrían ser obvias para los demás; o estamos tan ocupados en mirar lo que no nos gusta que perdemos de vista las buenas cualidades. Uno puede estar tan acomplejado por no tener un título que no vea lo digno de confianza que es, o tan obsesionado por su timidez que no se dé cuenta de lo simpático y comprensivo que se muestra con todo el mundo. Así pues, en lugar de hacernos conscientes de la personalidad única y maravillosa que tenemos, tendemos a ver solamente nuestros defectos; o a la inversa, en vez de estar dispuestos a encarar unos cuantos defectos que saltan a la vista, les restamos importancia y nos concentramos sólo en lo inteligentes que somos o en nuestro éxito.

Sea que minimicemos o exageremos nuestros defectos, lo evidente es siempre esquivo. Es como ese punto ciego en nuestra visibilidad periférica mientras conducimos. Cuando aprendí a conducir me di cuenta de que por mucha atención que pusiera en mirar por los retrovisores interior y exterior lateral, siempre había una parte de la carretera que no veía, y que por esa parte era muy fácil que ocurriera un accidente. Y, efectivamente, años más tarde tuve un accidente provocado por ese «punto ciego».

Pues bien, lo mismo vale para la personalidad. Aunque

conozcamos conscientemente nuestros gustos y aversiones (te gusta el café, no tomas azúcar, eres vegetariano, te gusta pasar las vacaciones en la montaña o veranear en la playa, te encantan los perros y no te gustan los gatos, tienes una serpiente domesticada, jamás te meterías en una hipoteca, o no estarías satisfecho si no tuvieras una casa propia), es posible que no sepamos nada de las heridas inconscientes que nos han configurado la personalidad o la han moldeado hasta conferirle una determinada tipología.

Identificación del propio tipo

Cuando leas las descripciones de los diferentes tipos te darás cuenta de que es mucho más fácil identificar los de las otras personas que el tuyo propio. Por ejemplo, tu jefe Stan es un Controlador: en todo momento tiene que saber dónde están y qué hacen cada uno de sus empleados; le cuesta muchísimo delegar y dejar de controlarlo todo. Y tu amigo Bob es un Perfeccionista: tiene 42 años, y aunque ha salido con muchísimas mujeres, la que no tiene una cosa tiene otra. En cuanto a tu ex novio Phil es un claro Buscador de atención, ya que a pesar de que no dejabas de elogiarlo y darle todos los regalos que deseaba su corazón, nunca se sentía amado. Y por lo que respecta a tu compañera de cuarto en la universidad, Jane, era una Escéptica empedernida: tres hombres fabulosos (al menos desde tu punto de vista) le pidieron que se casara con ellos, y a cada uno le devolvió el anillo de compromiso diciéndole tristemente: «Esto nuestro no funcionará jamás».

Como ves es bastante más fácil identificar los tipos de los demás, que el propio. No obstante, a medida que avances en la lectura de cada uno y vayas conociendo sus características peculiares, podrás identificar el tuyo. Si ves que tres o cuatro rasgos calzan a la perfección contigo, habrás dado con él; ahora bien, si sólo tienes uno, lo más probable es que no seas de ese tipo sino que tengas la cantidad normal de esa característica en tu personalidad, ya que todos podemos tener uno o dos rasgos de casi todos los tipos. Por otro lado, al final de la descripción de cada tipo, encontrarás una explicación de cómo el exceso de características de un determinado tipo que tienen algunas personas difiere de la cantidad en que poseemos esas mismas características el resto.

Otra forma de saber cuál es el tuyo es atender a los rasgos que, de pronto, mientras estés leyendo cada texto en particular, te saltarán a la vista y que tanto las personas que te quieren como otras menos conocidas han valorado en ti o comentado que tienes. Sin duda esta es una buena manera de identificar el propio tipo. Por otro lado, quizá notes una callada sensación de reconocimiento que te dice: «Ah, ese (o esa) soy yo».

También podría ocurrir que tú o tu pareja seáis una combinación bastante evidente de dos tipos; es decir, que os mováis entre dos a la vez, o que hagáis bastantes cosas de los dos al mismo tiempo. Esto, como en el caso del grupo sanguíneo AB o la persona que tiene el pelo castaño y los ojos azules, no es lo más común, pero si te sucede, valdría la pena que hicieras los ejercicios para esos dos tipos.

Por ejemplo, podrías ser una Buscadora de atención emotiva, es decir, si no obtienes la atención que necesitas para sentirte amada, comienzas a gemir o a insistir en ello. O un Complaciente controlador, que necesita hacer feliz a todo el mundo porque su autoestima no está a la altura que él quisiera; no obstante, también has aprendido a tenerlo todo controlado en tu vida para compensar esa sensación de poca valía, y deseas que tus seres queridos aprendan a ser tan meticulosos como tú.

Entre otras combinaciones bastante comunes están los flemáticos escépticos, los fantasiosos complacientes, los controladores buscadores de atención y los adictos al trabajo perfeccionistas o los controladores perfeccionistas.

Sea cual sea tu tipo, si deseas mejorar tus relaciones, vale la pena que te conozcas a ti mismo y conozcan a tu pareja. Ahora bien, te recomiendo que hagas de esto algo agradable. La finalidad de este libro no es que señales con el dedo a tu pareja ni que te reprendas, sino que descubras, de un modo placentero, más cosas acerca de ti y, sobre todo, que comprendas cómo funcionáis tú y tu pareja en vuestra relación.

Una vez que hayas identificado tu tipo, convendría que te preguntaras cómo influyen tus rasgos característicos en la relación que mantienes en la actualidad, o, si estás solo en estos momentos, cómo lo han hecho concretamente para que no hayas podido establecer ninguna relación. Por otro lado, si hace poco (o hace mucho tiempo) has acabado con una relación y eso todavía te apena o continúa siendo un misterio para ti, sería importante que identificaras el tipo de esa ex pareja y luego recapacitaras cómo tus características y las de esa persona combinadas contribuyeron a acabar con la relación.

Equilibrio

En su forma clásica, los nueve tipos de personalidad representan alguna especie de extremo. Pero sólo cuando nos damos cuenta de los efectos negativos o perjudiciales de esos extremos, podemos decidir avanzar por el centro de la curva de personalidad y llegar a convertirnos en una versión más equilibrada de ese determinado tipo. Y en la medida en que avanzamos hacia el centro, hacia el equilibrio, nos volvemos más generosos y amorosos.

Con este fin, al final de cada capítulo he añadido un buen número de sugerencias para modificar los aspectos negativos de cada tipo, así como una breve meditación que te facilitará el movimiento hacia el cambio, y, por último, un sencillo lema o afirmación que puedes ir repitiendo para asegurarte el cambio en tu conciencia.

El desafío del cambio

Cambiar no siempre es fácil, pero sí posible. Cuando estudiaba en la universidad, había una chica que irritaba a todo el mundo porque, aparte de ser una entrometida, mostraba una actitud bastante pedante. Cada vez que entraba en la cafetería, se sentaba a explicarnos su última hazaña intelectual, mientras que nosotros lo único que queríamos era tomarnos una taza de café, hablar del partido de baloncesto del sábado y soñar con el lugar adonde iríamos a pasar las vacaciones. Sin embargo, al final se dio cuenta de que en cuanto aparecía, todos se metían debajo de la mesa, tratando de huir de ella como de la peste.

Un día me invitó a tomar un café, con la expresa intención, me dijo, de que le explicara por qué ahuyentaba a todo el mundo cuando se esforzaba tanto por tener amigos. Aunque a mí me desconcertó un poco su franqueza, reconocí el mérito de esa actitud, y acepté la invitación.

A los pocos días tuvimos una conversación muy sincera y le dije que, aunque los demás querían ser sus amigos y les encantaría conocerla, tal vez las cosas irían mejor si no viniera a explicarnos continuamente que había escrito el mejor trabajo de filosofía del mundo, sacado la mejor nota en el examen de matemáticas o batido el récord en sus exámenes de graduación. Le expliqué que a nosotros no nos interesaban nada sus éxitos, y que en cierta forma su interminable lista de resultados satisfactorios, en realidad nos desanimaba más que otra cosa, ya que los demás nos esforzábamos por hacerlo lo mejor posible, y en nuestro tiempo libre lo único que queríamos era pasar el rato y conocernos los unos a los otros. Le sugerí que de vez en cuando les preguntara a los demás algo que les concerniese a ellos: «¿Cómo te ha ido en el examen de matemáticas, Jack?» o «Me he enterado de que se ha muerto tu padre, Lee, lo siento mucho».

En cierta manera esta clásica Buscadora de atención fue una de mis primeras clientes. Y lo mejor de todo fue ver cómo iba cambiando con el tiempo. Después de nuestra conversación, comenzó a invitar a otros a tomar café y a hacerles preguntas sobre su vida. Cuando una de mis compañeras de cuarto se puso enferma y fue a parar a la enfermería, ella le llevó un ramo de flores y una tarjeta. Al final hasta cambió su imagen; comenzó a leer la revista *Mademoiselle*, aparte de Chaucer, y asistió a un partido de baloncesto.

Por mi parte, a medida que observaba su transformación, fue creciendo mi admiración por ella. Tuvo el valor de preguntar qué hacía mal y, una vez recibido el mensaje, de cambiar. Dos años después, cuando se graduó e hizo la oración de despedida de su clase, lo que coronó su éxito en la universidad no fue su espléndido currículum, sino las amistades que había hecho.

Al igual que esta joven, muchos tenemos un punto ciego que no nos permite vernos y que nos impide crear la clase de relaciones que deseamos. No nos gusta reconocerlo, y no porque seamos tozudos o innobles, sino porque es muy difícil ver cómo es uno en realidad. Siempre es más fácil ver cómo es el otro, sobre todo cuando mantenemos una relación. Al fin y al cabo, nos enseña sus trapos sucios todos los días: el periódico tirado junto al sillón de la sala de estar, las cartas que va acumulando en la mesa de la cocina en medio de los platos de la cena de la noche anterior, etcétera.

En todo caso, mirar a otras personas nos sirve para desarrollar el sentido de la observación, y cuanto más las conocemos, más capaces somos de descubrir cosas de nosotros mismos. Observando cómo se relacionan con los demás, cómo expresan sus sentimientos, cómo trabajan de un modo sosegado y constante o cómo montan en cólera en un abrir y cerrar de ojos, nos hacemos una idea de cómo se comporta la gente. Y una vez que hemos desarrollado esa capacidad de observación, podemos dirigirla hacia nosotros y mirarnos sinceramente. Cuando por fin somos capaces de hacer esto, de pronto comprendemos que nuestros rasgos de personalidad, nuestros hábitos y comportamientos, nuestras actitudes y nuestros problemas tienen tanto efecto en la persona amada como los de ella en nosotros. Y no sólo eso, sino que vemos que cualquier relación es la interacción dinámica de los atributos de la otra persona con nosotros y de los nuestros con ella.

Lo hermoso de este proceso es que cuanto más conscientes nos hacemos de cómo influye nuestra personalidad en la dinámica de la relación, más capaces somos de cambiar y, como mi amiga de la universidad, de aprender a amar. Por lo tanto, en lugar de quejarte e insistir en que cambie la otra persona, modifica todo lo que puedas tu comportamiento, para que se produzcan los mayores cambios posibles en tus relaciones.

Conocernos a nosotros mismos, ser capaces de ver quiénes somos y qué hacemos, es tal vez lo que más influye en cada una de nuestras relaciones. De hecho, la falta de este conocimiento suele ser lo que impide que nos llegue el amor, o que, una vez que ha llegado, no alcance su máximo potencial. Así pues, cualquier esfuerzo que hagamos por conocernos a nosotros mismos será un gran regalo para la relación.

Como verás, cada tipo de personalidad tiene sus propios rasgos positivos y también sus limitaciones. Estas limitaciones, las cosas que sacan al otro de quicio, no sólo son esos aspectos frustrantes de la relación, sino también tu margen de crecimiento personal. Definen los límites dentro de los cuales se nos desafía a crecer.

La relación y su evolución

Por último, no hay que olvidar que todos pasamos por un proceso de evolución en nuestras relaciones. Cada vez que un tipo de personalidad se acopla a otro, el crecimiento es inevitable. Ahora bien, esto no siempre es fácil; de hecho puede ser dificilísimo, pero justamente las relaciones que tenemos nos permiten desarrollarnos cada vez más como seres humanos, y en último término, nos capacitan para entregar los regalos especiales que cada uno ha de dar en su vida.

Este proceso es nuestra razón de vivir. Es el motivo, para empezar, de que tengamos una personalidad. Descubrimos el mundo a través de ella; nos enamoramos debido a ella; a través de ella avanzamos hacia nuestro yo superior, y al final descubrimos que todas las personalidades forman parte de Dios, al margen de lo magníficas o peculiares que sean.

Es mi ferviente deseo que la comprensión de estos nueve tipos de personalidad te capacite para amar con más profundidad, con mayor naturalidad y con la generosidad que se deriva de conocer tu papel y el de tu pareja en la dinámica de vuestra relación. Comprendiéndote y comprendiéndole a él o a ella harás de tu relación un espacio en el que vuestras dos personalidades puedan florecer, y en el que se eleve a su máxima expresión ese don misterioso y bello, el Amor.

1
El Buscador de atención

> «Pero basta de hablar de mí; hablemos de ti.
> ¿Qué piensas de mí?»

Los buscadores de atención son las personalidades más fascinantes y enérgicas de la rueda de las relaciones. Suelen mostrar una creatividad increíble, y siempre tienen alguna idea o proyecto. Interesantes y enérgicas, estas personas siempre inspiran curiosidad y divierten con sus interminables y complejas versiones de los altibajos de su vida. Su entorno siempre bulle de creatividad y acción.

Se trata de los grandes realizadores entre los tipos de personalidad; dado que poseen una extraordinaria capacidad para centrar la atención en lo que tiene importancia para ellos, son capaces de reunir todas sus fuerzas para poner por obra las ideas que los inspiran. Estas personas nos fascinan porque con inmenso tesón se crean un mundo a su medida, y su mundo es siempre complejo e interesante. Nos sentimos afortunados, e incluso privilegiados, cuando nos invitan a entrar en su vida. Comparados con los nuestros, los universos que crean nos parecen brillantes, misteriosos e interesantes. Muchos pintores, escritores, músicos y líderes carismáticos suelen pertenecer al tipo de los buscadores de atención. Dado su notable egocentrismo, son capaces de dirigir su energía con la intensidad del láser sobre cualquier cosa que deseen o busquen.

También son increíblemente atractivos; su capacidad para centrarse en sus intereses y su creencia en que cualquier cosa que hagan es importante les basta para atraerse el apoyo de todas las personas que los rodean. Esto, combinado con su talento, suele llevarlos a sorprendentes consecuciones. Jamás se cansan de sus ideas y empresas, ni de acorralar a los demás para que colaboren en sus proyectos. No obstante, con el tiempo, ese continuo centrar la atención en sí mismos acaba resultando tedioso e incluso doloroso para las personas que les acompañan.

Claire, diseñadora de telas, apenas era una adolescente cuando creó en el colegio su primer diseño para unas bolsas de papel; el resultado fue tan hermoso que causó revuelo en el colegio, así que aprovechó la ocasión para reunir entre todos sus amigos el dinero que le permitiera ir a Nueva York a probar suerte en el gran mercado de diseño de modas. Encontró muchos escollos en el camino, como es lógico. Le robaron algunas de sus ideas, o mejor dicho se las dejó olvidadas en una cabina telefónica y todo el mundo en su ciudad natal tuvo que escuchar lo de esta catástrofe, cómo maldecía al ladrón, y después reír con ella sobre el incidente cuando un amable desconocido se las devolvió.

Durante esa etapa se murió el padre de su mejor amiga, pero ella no pudo asistir al funeral, ya que no podía pagarse siquiera un billete económico, y además, estaba demasiado ocupada buscando sus diseños perdidos. Pero lo cierto es que se encontraba tan metida en sus propios asuntos que, entre una y otra cosa, también se olvidó de enviarle una tarjeta de condolencia.

Gracias a su ambición, Claire finalmente «lo consiguió». En un par de años sus diseños alcanzaron un gran éxito, y cuando hizo su primera venta importante invitó a todo el mundo a Nueva York para celebrarlo. Sus amigos, convencidos de que les agradecería lo mucho que la habían ayudado, compraron los billetes de avión y pusieron rumbo a Nueva York. Sin embargo, cuando llegaron a la fiesta, lo único que recibieron de ella fue un relato muy hinchado de cómo había alcanzado el éxito. Aun así, se sintieron felices de que los hubiera invitado, ya que su mundo era mucho más interesante que el de ellos. Además, cuando a los pocos meses apareció un reportaje sobre ella en la revista *Vogue*, todos comentaron lo fantástico que era conocerla.

Signos reveladores del Buscador de atención

- Es inteligente, muy creativo y tiene una gran capacidad de concentración.
- Los demás se sienten atraídos por su energía y sus proyectos.
- Le importa mucho lo que los otros piensan de él.
- Siempre reúne a su alrededor un gran número de personas, pero si lo piensa bien, ¿qué sabe de ellas?
- Le cuesta mucho escuchar, compenetrarse con o apoyar a los demás cuando tienen problemas.
- No acepta fácilmente las críticas.
- En el fondo cree que nunca le han querido por lo que es.
- Y piensa que nunca le elogian o apoyan lo suficiente.

Una mirada con más detenimiento: Características distintivas del Buscador de atención

1. Es excelente para verse a sí mismo, pero no tanto para ver a los demás

Desde el punto de vista psicológico, el problema que tienen los buscadores de atención es el narcisismo. Esta palabra está tomada del personaje de la mitología griega Narciso, un joven muy hermoso que, en su búsqueda de sí mismo, se miró en un lago y quedó tan cautivado ante su imagen reflejada en el agua que al final de tanto mirarse se cayó dentro y se ahogó.

Al igual que Narciso, el Buscador de atención está interesado sobre todo en su yo: *mis* problemas, la llamada telefónica que no recibí, *mi* trabajo, *mi* aumento de sueldo, *mi* pena, el traje que *me* voy a poner para la fiesta. Y aunque esto se puede decir que lo hacemos todos, lo cierto es que los buscadores de atención lo exageran, y son incapaces de dejar de mirarse a sí mismos mucho rato para centrar su atención en otras personas.

Además, incluso cuando muestran interés en relacionarse

con otro, normalmente lo hacen con el fin de obtener más reconocimiento o por su propio beneficio. Y aunque su actitud siempre les lleva de un modo u otro de vuelta a sí mismos, no se dan cuenta de que en realidad no desean llegar a conocer a la otra persona. En resumen, del mismo modo que todos los caminos conducen a Roma, todas sus conversaciones giran a su alrededor. Es algo así como si a estas personas les representara un verdadero problema conocer a los demás. Tal vez no tienen tiempo, esa es la excusa que suelen dar, pero si lo tuvieran, esa tampoco sería su inclinación.

2. Tiene dificultades para la empatía, esa actitud especial de la interacción humana de «sentir con» la otra persona

Si alguien le dice a un Buscador de atención: «Me siento fatal; he tenido un accidente de coche bastante serio y sentí un latigazo horroroso en el cuello; creo que tendré que llevar collarín el resto de mi vida», en lugar de compadecerle y decirle, por ejemplo: «Cuánto lo siento, ¿qué podría hacer por ti?», se apresura a dirigir la atención sobre sí mismo y a decir, por ejemplo: «Eso me recuerda el accidente que tuve yo; quedé muy mal de las cervicales, todavía no me he recuperado del todo», o: «Eso no es nada comparado con el golpe que me di en el dedo del pie». Otra respuesta podría ser: «No será para tanto», o: «Pronto estarás bien». Sea cual sea su reacción, el Buscador de atención salta lo más rápido posible de la incómoda posición en que tiene que ofrecer simpatía y compasión a la cómoda posición de hablar de sí mismo.

A modo de corolario me gustaría añadir que la persona buscadora de atención no sabe escuchar, aunque espera que los demás la escuchen a ella con clamoroso entusiasmo, llenándola de elogios, simpatía y sugerencias sobre cómo podría resolver su miríada de problemas (nunca se cansa de que le admiren su nuevo traje de baño, lo bien que le ha quedado la pintura de la pared, el empleo que acaba de conseguir, el hermoso barniz rojo de las uñas, el modo como llevó el seminario o reprendió a su suegra). Ahora bien, a la hora de escuchar, al igual que un petardo que se acaba de encender, apenas se mantiene un momento en silencio, mientras la mecha se quema, y el Buscador de atención narcisista se lanza a hablar de nuevo de sus necesidades, preocupaciones y búsqueda de consuelo.

3. Proyecta la imagen de merecedor y seguro de sí mismo

Dado que siempre están tan absortas en lo que hacen, obtienen o son en ese mismo momento, estas personas proyectan la imagen de sentirse valiosas y seguras de sí mismas. Y como ellas se valoran mucho, los demás se inclinan a valorarlas también. Emiten el mensaje de que su posición se merece apoyo su egocentrismo está justificado y que debemos prestarles toda la atención que desean y necesitan.

4. También domina el arte de quejarse de los demás, sobre todo cuando le han fallado

Dado que los buscadores de atención proyectan merecimiento y seguridad en sí mismos, sus quejas sobre las personas que no les han ofrecido la atención, la ayuda y el cuidado que tan evidentemente necesitan y se merecen parecen justificadas.

Este convencimiento de la legitimidad de sus quejas nace, como hemos visto, de un sentimiento muy arraigado de no ser amados. Y aunque no están conectados con sus sentimientos, tratan a todo el mundo, incluso a aquellos que apenas conocen, como si les debieran el amor total e incondicional que normalmente uno sólo puede esperar de sus padres.

5. Fragilidad emocional

Aunque por su gran capacidad de conseguir ayuda y apoyo de los demás, no dan esa impresión, los buscadores de atención son muy frágiles emocionalmente. Por dentro no están muy seguros de que todo lo que hacen sean las cosas tan fabulosas que dicen. Y a eso se debe que constantemente estén pidiendo elogios, apoyo y palabras tranquilizadoras.

6. Se identifica con sus consecuciones y no con su espíritu

El Buscador de atención siempre trata de atraer la atención porque en el fondo no está muy seguro de valer como la persona que es. Así, exagerando su identificación con lo que hace, logra tener cierto sentido limitado de su valía para compensar la herida de no sentirse amado.

Por qué amamos a los buscadores de atención

A los demás nos gusta la compañía de estas personas porque siempre están tramando algo nuevo. Las cosas interesantes o curiosas que hacen nos cautivan la atención. Al principio nos encantan las historias interesantes que cuentan de sí mismas sin parar. Se sienten importantes y son importantes en el mundo, y por eso nos gusta estar con ellas. Es el caso del capitán del equipo de fútbol del colegio, con el que todas las chicas se mueren por salir. Es decir, deseamos relacionarnos con los buscadores de atención porque hacen algo digno de admiración y queremos participar de su gloria.

También son excelentes a la hora de pintar coloridos cuadros de su mundo e invitar a los demás a echar una mirada a su emocionante vida. Nos encanta saborear esos mundos, ya sea de oídas o de primera mano, porque nos parecen animados, insólitos y fascinantes.

Asimismo, estas personas nos gustan porque proyectan un sentido aparentemente imperturbable de su valía. La mayoría no nos sentimos tan seguros de nosotros mismos, nos falta la confianza necesaria para pedir francamente tanto apoyo y tanta aprobación como hacen ellas con suma facilidad. Por lo tanto, estar dentro del aura de un Buscador de atención nos estimula a pedir más, a ver la legitimidad de la búsqueda de apoyo para nosotros y a ser más sinceros en pedirlo.

Cómo nos irritan

Los buscadores de atención son agotadores de energía, nos agotan con su insaciable necesidad de afirmación y atención; es decir, nos hartamos de que continúen tan inmersos en sí mismos. En una relación con un Buscador de atención sólo hay espacio para una persona: él o ella.

Dada su tendencia a convertir a los demás en servidores suyos, suelen cansar a quienes los aman, y acaban por perder la atención, el afecto, la amistad y hasta las relaciones íntimas de las personas que han atraído a su círculo. Al final, el otro se harta y, siguiendo su ejemplo, le grita: «¡¿Y yo qué?!». Por eso, la persona que se relaciona con alguien de este tipo recibe el único regalo que un ser así puede ofrecer: una lección de cómo desarrollar una actitud egocéntrica, cosa que quizá antes no conociera.

Estas personas sabotean sus relaciones con su egocentrismo porque les faltan algunas de las habilidades que se necesitan para tener una relación equilibrada, concretamente la capacidad de dar *y* recibir, de hablar *y* escuchar, de atender *y* ser atendidas, de manifestar cariño e interés *y* de nadar en la corriente constante de interés y cariño que reciben.

¿Qué pasa en realidad?

Los buscadores de atención dan la impresión de estar muy bien. Están tan ocupados preocupándose de sí mismos y se ven tan hinchados en su ego, que es difícil creer que puedan tener algún problema. Cualquier persona que vive diciendo: «¿Qué crees que debería hacer respecto a...?», o: «¿Qué te parece mi nuevo proyecto?», o: «Tenemos que volver a casa, ¡me he olvidado las vitaminas!», no sólo parece sino que de hecho sabe cuidar tan bien de sí misma en tantos aspectos que es difícil creer que pueda pasarle alguna otra cosa. Sus incesantes peticiones de comentarios, aliento, admiración, elogios, reconocimiento y atención hacen pensar a los observadores que a los buscadores de atención les va muy bien.

Pero esas numerosísimas peticiones de atención y apuntalamiento esconden en realidad un grado de inseguridad bastante elevado.

Si nos detenemos a mirar un poco más en profundidad, veremos que por dentro son muy frágiles y no se sienten equipados para arreglárselas con la vida. Pese a todos sus esfuerzos por atraer la atención sobre sí mismos, se sienten como si nunca recibieran la suficiente como para poderse ocupar de la realidad de otra persona. Y aunque dan la impresión de ser seguros y fuertes, de sentirse totalmente cómodos a la hora de agotar todo el tiempo en antena, en su interior están inseguros, incapaces de crearse un sentido de identidad fuerte, o «estructura del ego» como dirían los psicólogos, para mantenerse firmes en presencia del ego de otra persona.

No quieren interesarse demasiado por el otro porque no se sienten preparados emocionalmente para ello. No sabrían qué hacer si realmente atendieran las preocupaciones de otra persona por el aspecto que tiene, la flaccidez de sus muslos, las salidas de tono de su marido, el trabajo que perdió o el alcoholismo de su madre. Inconscientemente temen no ser capaces de tratar con ella, porque en el fondo creen que aún no han recibido lo suficiente como para ser útiles a los demás.

La herida emocional del Buscador de atención es un profundo sentimiento de carencia de amor. Como seres humanos nos merecemos ser amados simplemente por estar vivos y ser quienes somos. Esta aceptación pura, incondicional, es en realidad el amor, y es el derecho que tenemos todos por haber nacido. Nos merecemos ser amados, no porque hayamos ganado la medalla de oro, entrado en el equipo vencedor de hockey o triunfado en el concurso de belleza, sino únicamente porque somos nosotros mismos, y porque el amor incondicional es la respuesta adecuada a nuestra existencia.

Cuando experimentamos el amor incondicional, el amor sencillo y sincero de nuestros padres, todo en nuestra vida adquiere sentido; sabemos que estamos bien, que valemos, que nuestros logros no son tan importantes como nuestras emociones y nuestro espíritu, y que hagamos lo que hagamos, saquemos las notas que saquemos, se nos valorará por lo que somos, por nosotros mismos.

Pues bien, cuando el Buscador de atención siente que no recibe ese amor, piensa que tiene que hacer algo para conseguirlo o para hacerse merecedor de él. Y aquí comienza su interminable esfuerzo por lograrlo (y la petición que lo acompaña de afirmación, tan típica del Buscador de atención narcisista). Lo único que necesita saber es: *Es correcto que esté aquí* y *Soy amado por mí mismo*. Pero dado que sus padres, de una u otra manera, carecieron de amor, suelen transmitir esa herida; y hasta es posible que los padres de estos confundieran el valor de la consecución con la belleza de simplemente ser. Por lo tanto, en lugar de conocer el precioso valor de vivir su propia esencia, los buscadores de atención viven en la infernal confusión de las infinitas dudas sobre si su valía está en quienes son o en lo que han hecho. Sencillamente necesitan, sin motivo alguno (y por todos los motivos), ser amados; ser recibidos de vuelta en el sustentador nido del amor incondicional.

Conozco a una hermosa joven narcisista que no deja de quejarse constantemente de su padre, ya que, según ella, es tan estricto y egocéntrico y vive tan orientado al éxito, que es incapaz de ver sus necesidades. «No entiendo cómo no se da cuenta de lo que yo necesito», dice una y otra vez, después de que él le haya dado una tarjeta de crédito, le haya comprado un coche nuevo para ir a la universidad, y la apoyara en su idea de visitar los trece institutos universitarios en que estaba interesada. «Sólo piensa en él. Está siempre tan ocupado en su bufete, con su nueva mujer y su bebé, que jamás se acuerda de mí», se sigue quejando, mientras no deja de llamar a sus amigas a todas horas del día y de la noche, despertando incluso a sus hijos, o interrumpiendo sus tranquilas veladas para explicarles lo de las universidades que acaba de visitar, la ropa que tendría que usar en cada una y cómo se va a gastar el dinero del mes.

Sus padres se divorciaron cuando ella apenas era un bebé, y como durante esa época estuvieron tan inmersos en sus propios problemas, nunca se sintió segura de su amor. En consecuencia, hoy es el producto del egocentrismo de su padre, por lo que busca desesperadamente su atención, la atención que él tampoco recibió del suyo, que vivió para la política y siempre estuvo tan preocupado de hacer bien su trabajo para conseguir los votos de los electores que no tuvo tiempo de estar con sus hijos.

Como demuestra la historia de esta joven, los buscadores de atención suelen ser a su vez hijos de buscadores de atención, es decir, uno o los dos padres estuvieron tan ocupados y preocupados de sí mismos que no tuvieron tiempo para querer o cuidar a su hijo o hija. De hecho, durante todas las fases de desarrollo, cuando el niño necesitaba sentir interiormente que era amado por sí mismo, ellos estuvieron lejos, embarcados en una aventura narcisista propia. Esa incapacidad para cuidar del desarrollo de su hijo, hizo que éste quedara sin apoyo, razón por la cual el Buscador de atención se siente inseguro en su interior, aun cuando objetivamente tenga mucho talento y esté muy capacitado.

Por ejemplo, la madre de Jake, una modelo profesional, que lo tuvo a los 38 años, se sintió molesta con él desde el principio por la deformación que el embarazo produjo en su cuerpo. Durante años ella había sido el centro de la atención internacional y su sentido de identidad se apoyaba principalmente en la percepción que tenía de sí misma como una mujer hermosa y bien formada.

Así pues, desde el momento en que nació Jake, ella intentó por todos los medios posibles recuperar su juventud perdida y su sensación de ser bella; en realidad era muy hermosa, pero el efecto de su embarazo le distorsionó de tal modo su percepción de sí misma que continuamente necesitaba recibir palabras tranquilizadoras de su marido y después de su hijo.

La consecuencia de todo esto es que el pequeño Jake no tuvo madre, y que después se convirtió en su reflejo. Inconscientemente, ella le negó todas las expresiones de afecto, las cosas que él necesitaba oír sobre sí mismo: que era un niño encantador e inteligente, que lo hacía muy bien en la escuela, que su madre se sentía orgullosa de él y que se alegraba de que hubiera nacido. Como era inteligente, triunfó a pesar de esa dolorosa falta de atención; le fue muy bien en los estudios y, gracias a su gran capacidad intelectual, fue el elegido para hacer la oración de despedida tanto en el colegio como después en la universidad. Pero durante todo ese tiempo se pasó el día pidiéndoles a sus compañeros, amigos y novias que le acariciaran el ego elogiándolo por su inteligencia y uniéndose a él en menospreciar a cualquier otro que se atreviera a pisarle los talones.

Aunque ha tenido muchas novias y amigos debido a su creatividad y su inteligencia (ahora es un próspero periodista), sus relaciones íntimas siempre han sido desastrosas. Pronto quedan reducidas a nada por esa continua necesidad de que le refuercen su ego, de que le digan lo fabuloso que es: «¿Viste mi artículo sobre el anofeles en el *Sunday Post*?», «¿Sabes que me han aceptado artículos en el *Chronicle*?», «Al director de *Life* le encantó mi artículo sobre el estrés en el mercado bursátil; cualquier día me pedirá que entre a formar parte de la plantilla, ¿no crees?».

Y sí, tiene éxito en el trabajo, pero en el amor más bien fracasa. No comprende por qué un hombre con todas sus credenciales y todos sus logros no puede atraer a una mujer fabulosa, así que continúa pidiéndoles a sus amigos que le digan no qué problema tiene, sino lo fabuloso que es, y que le aseguren que en cualquier momento se cruzará en el umbral de su vida la chica de sus sueños.

También está el caso de Fred. Sus padres eran actores de vodevil; su madre hacía números sexys y su padre era bailarín de revista. Cada año iban de gira con su espectáculo y tenían mucho éxito. En este contexto, el nacimiento de Freddy significó un obstáculo para su estilo de vida; pero en lugar de establecerse o dedicarse a otra cosa, se lo llevaron consigo a todas sus actuaciones. Esto hizo que el pequeño nunca se sintiera importante por sí mismo; en doce años le inscribieron en dieciséis escuelas, y su madre, cuya belleza estaba desvaneciéndose por los largos viajes y la ardua vida que llevaba, solía pedirle que se quedara con ella en el camerino y le dijera un millón de veces al día lo hermosa que era todavía. Mientras tanto su padre le enseñaba a bailar, pero siempre le decía que no era, ni nunca sería, tan buen bailarín como él.

De mayor, Freddy quiso ser actor; llevaba el espectáculo en la sangre. Por entonces sus padres ya habían muerto, pero él seguía sintiéndose no amado. A diferencia de Jake, que no lograba retener mucho tiempo a una chica, él se casó joven. Electricista de oficio, se apuntó a una escuela de arte dramático, y todo el gasto de las clases, de las repetidas visitas a fotógrafos y de los viajes para presentarse a selección de elencos a cientos de kilómetros, recayó sobre su familia. Y mientras su mujer y sus hijos sufrían, al igual que él de pequeño, Freddy no dejaba de recitar sus parlamentos durante las comidas, pidiéndoles que aplaudieran. Al final, la mujer, agotada por su insaciable necesidad de actuar y de recibir elogios, lo abandonó de un día para otro después de nueve años de matrimonio.

No obstante, en ocasiones, la herida del Buscador de atención no es consecuencia directa de un progenitor narcisista, sino más bien de una situación familiar que de suyo impide dar el apoyo adecuado. En una situación en donde no hay amor suficiente para dar, un niño también puede sufrir la profunda herida emocional de no sentirse amado.

Un ejemplo de esto es el caso de Carrie. Su hermano mayor era esquizofrénico y creaba tantos problemas que ella ocupó, durante toda su infancia y adolescencia, un segundo plano, ya que él era el único centro de atención. La preocupación siempre se centraba en lo mismo: «¿Qué hará Bobby hoy? ¿Cómo actuará? ¿Ira a casa a cumplir su repetida amenaza de dispararles a sus padres?». Aunque su comportamiento era negativo, acaparaba hasta tal punto la atención en el círculo familiar que Carrie nunca recibió el cariño y el apoyo que necesitaba para sentirse importante y válida en la familia, es decir, para sentir que la querían.

La enfermedad de su hermano, que comenzó cuando ella tenía cuatro años y se agravó cuando tenía diez, continuó agotando las energías de la familia durante todos los años que ella estuvo en casa. Entonces, viéndose incapaz de obtener el amor que necesitaba, se desesperó en su interior. También vivía preocupada por si sería capaz de mantenerse cuando fuera mayor o si tendría algo valioso que ofrecer. Y así se internó en la ruta narcisista de pedir a todas las personas que se cruzaban en su camino el apoyo, el aliento y los mimos que, inconscientemente, creía que la harían sentirse lo suficientemente fuerte y amada para establecerse en su vida.

Sean cuales sean las circunstancias exactas que producen ese vacío de amor en los buscadores de atención, a estas personas, que suelen ser bastante inteligentes, les cuesta comprender que están bien tal y como son.

Nada puede reemplazar al amor, y la tragedia de los buscadores de atención es que ellos también suelen confundir la atención con el amor puro, sincero e incondicional que tanto necesitan.

La diferencia entre un Buscador de atención y todos los demás

El Buscador de atención está dispuesto a vivir en su egocentrismo mientras que el resto sólo necesitamos ir allí de visita. Aunque todos de vez en cuando nos centramos totalmente en nosotros mismos, y eso es correcto, por lo demás, sabemos que el amor es dar y recibir, y que en el ritmo de nuestras relaciones oscilamos entre centrarnos en nosotros y centrarnos en los demás.

En realidad, es esta capacidad para ser en algunas ocasiones el objeto de atención de la otra persona y en otras estar dispuesto a darle a ella el regalo de la atención, lo que constituye el intercambio emocional de una relación. Es la forma en que prosperan y sobreviven las dos personas que establecen algún tipo de vínculo entre ellas.

Lo que nos enseña el Buscador de atención

Lo que todos podemos aprender del Buscador de atención es a cuidar mejor de nosotros mismos; también, que es correcto tener una cierta cantidad de egocentrismo. Estas personas nos enseñan que vale la pena aspirar a hacer aquello para lo que valemos, que la concentración conduce a resultados; su genialidad nos estimula. Además, con su modo aparentemente incesante y complicado de concentrarse en sí mismos nos hacen disfrutar exponiéndonos a muchas modalidades de personalidad y de la vida misma, a mundos e intereses a los que los no buscadores de atención nunca se molestan en prestar atención.

De ellos aprendemos a ver la complejidad de la vida: cómo nos influyen la ropa que llevamos, la casa, los hijos, los amigos, los amantes, los desconocidos, los diferentes ambientes, las vacaciones, los tratamientos con vitaminas, los programas de ejercicio, el corte de pelo, la laca de uñas, otorgando a nuestra vida mayor interés y variación y convirtiéndose incluso en temas de interés para nosotros y nuestras conversaciones.

Con su desmesurada atención por todo lo que concierne a su vida, los buscadores de atención nos enseñan lo rica y variada que puede ser la nuestra.

Lo que el Buscador de atención necesita aprender acerca de las relaciones

Los buscadores de atención necesitan recordar que la relación es una calle de doble sentido. La intimidad, ese sentimiento de amor y proximidad que a todos nos gusta, no sólo se desarrolla cuando obtenemos lo que necesitamos, sino también cuando descubrimos que somos capaces de dar lo que necesita la otra persona. El amor y el placer en una relación se producen siempre que podemos experimentarnos como personas amantes. Cuanto más amor se ofrece, cuanto más afecto, atención, afirmación, aliento, apoyo, empatía y escucha se intercambia en ambos sentidos, más estrechamente conectadas y armoniosas se sienten las personas.

Por lo tanto, los buscadores de atención han de dar el amor que necesitan; sólo así lo recibirán.

Lo que puedes hacer para equilibrarte si eres un Buscador de atención

1. Escucha

Un buscador de atención comenzará a participar de los placeres de las relaciones cuando aprenda a escuchar, no sólo las respuestas que se centran en él, sino también la información que revela lo que son las otras personas. Además, si sólo nos interesamos por las respuestas que se refieren a nosotros, nos perdemos la oportunidad de conocer lo fascinantes que son los demás. Cuando se supera el miedo a volverse invisible si se escucha, se oyen las cosas más sorprendentes acerca de las personas: qué hacen, adónde van, etcétera. Por lo tanto, en lugar de preocuparte por ti, aprovecha la oportunidad de que otros te diviertan y entretengan.

Hace poco, en la playa, me llamaron la atención una niñita y su madre porque ésta última encajaba perfectamente en el tipo de buscadora de atención; no paraba de repetirle a su hija: «¿Cómo va mi bronceado? ¿Me estoy bronceando? ¿Tendría que ponerme más crema? ¿A qué hora va a volver tu padre de almorzar?». No paró de hablar ni siquiera el rato suficiente para escuchar lo que quería decirle su hija: «Mamá, acabo de ver una inmensa tortuga en el agua; qué bonita era, tenía un enorme caparazón verde y aletas».

2. Haz preguntas

Dado que no deja de mirarse a sí misma y hacer que todos los demás la miren, el mundo de la persona buscadora de atención se va empequeñeciendo cada vez más. Así pues, si deseas liberarte de la carga y la soledad de tu narcisismo (porque el narcisismo deja muy solas a las personas), comienza a formular preguntas cada vez que te encuentres con alguien: ¿Cómo estás? ¿Cómo te va la vida? ¿Qué has estado haciendo últimamente? ¿Cuál es tu plato favorito?

Arriesgarse a conocer a los demás te permitirá ver que tu ego es lo bastante fuerte para seguir en pie cuando te esfuerzas por descubrir a alguien. Cuanto más preguntes acerca de las otras personas, más ocasiones tendrás de ver lo interesantes que son y lo interesante que es la vida. Eso forma parte de la riqueza del amor.

3. Responde

Como ya he dicho, los buscadores de atención temen conocer a otras personas debido a ese profundo miedo interior de no tener los recursos necesarios para responder. Ahora bien, *cualquier reacción o respuesta auténtica crea lazos entre las personas.* La respuesta no tiene por qué ser perfecta, sólo sincera. Hasta podría ser una palabra inconclusa o un tartamudeo en señal de apoyo o simpatía. Es la amabilidad del gesto lo que cuenta.

Supongamos que se muere la madre de una de tus mejores amigas; en lugar de hacerte el despistado porque te sientes incapaz de expresar las palabras que serían adecuadas para ese momento, intenta decir: «Me he enterado de que se ha muerto tu madre, y la verdad es que no sé qué decirte. Nunca he sabido dar el pésame, así que lo mejor es que sepas que «lo siento». O si una persona te dice que está enferma o agotada, en lugar de contestarle con: «Eso me recuerda mi enfermedad», dile: «Cuánto lo siento. ¿Necesitas hablar de lo que te pasa? Me gustaría mucho escucharte».

4. Aprende frases de empatía

«Lo siento mucho, debió de ser terrible»; «Me alegro muchísimo; es estupendo que te lo estés pasando tan bien en tus vacaciones»; «Tu nuevo trabajo me parece estupendo, felicitaciones». Siempre que decimos este tipo de frases, demostramos a las personas que en cierto modo estamos dentro de su realidad, con ellas. Lo hermoso de esto no es sólo que nos comportemos como unos auténticos maestros de la empatía y que la otra persona no se sienta sola, sino que uno mismo también deja de sentirse solo. Cuando se le lanza una cuerda a otra persona para salvarla, se obtiene su compañía en la vida, y si se va para siempre también se marcha el placer de estar con ella.

El Buscador de atención es como la persona que desea enviar una tarjeta de condolencia a la familia del hombre que murió en un accidente de coche, pero tiene tanto miedo de no decir lo correcto que al final no lo hace. La verdad es que un sincero «Lo siento» puede llevar a una conexión que perdure hasta que se desarrolle la habilidad necesaria para decir algo más complejo.

5. Elogia

Comienza ya a hacer este ejercicio. Por lo menos una vez al día observa alguna cualidad valiosa de otra persona y elógiala. Verás que eso no va a hacer desaparecer tus cualidades, y que, lejos de encontrarte en el terreno siempre movedizo del Buscador de atención, cuanto más generoso seas en tus elogios a los demás, más tranquilo y firme estarás sobre el terreno sólido del conocimiento de ti mismo.

Lo repito, elogiar, agradecer, reconocer, ofrecer la respuesta o reacción que tú siempre buscas, te generará bienestar. En lugar de sentirte como un Buscador de atención desesperado y frágil, que no deja de necesitar que lo apoyen, comprenderás, por la fuerza de tu generosidad, que los demás se sienten atraídos hacia ti y te dan *naturalmente* el reconocimiento que necesitas.

6. Aprende a aceptar la crítica

Dado que en su interior el Buscador de atención siente que su ego se apoya sobre tierras movedizas, le resulta dificilísimo oír críticas. Es como si dijera constantemente: «Si no eres capaz de elogiarme, no estás de mi parte y no me encuentras fabuloso, vete de mi pista de tenis porque soy demasiado frágil para mejorar».

La crítica constructiva es sólo eso, constructiva. Si estamos dispuestos a escuchar y a hacer algunas modificaciones, nos dice cómo podemos fortalecer nuestra posición. Por lo tanto, respira profundamente, deja entrar la crítica e intenta con sinceridad poner por obra su contenido. Si el otro te dice: «No haces más que hablar de ti mismo, y la verdad es que estoy harto de escucharte», la próxima vez haz un intento consciente y, después de haber pedido consejo o ayuda, devuélvele el favor: «¿Puedo hacer algo por ti?». Vuelve a respirar profundamente, mira el reloj y decide que durante cinco minutos escucharás cualquier cosa que esa persona quiera decir, y cuando acabe, dale una respuesta adecuada; ya sea: «Qué bien, eso es una noticia estupenda», o: «Cuánto siento que te lo hayas pasado tan mal estas dos semanas»; asegúrate de que oye tu respuesta.

Los buscadores de atención necesitan calmarse y darse cuenta de que el mundo no se va a desmoronar si quince mil personas no les dicen cada cinco minutos que son fabulosos y están muy bien. Si dejas algunos espacios en la conversación y te abstienes de pedir todas las respuestas y reacciones sin las cuales crees que no puedes vivir, descubrirás que los demás pueden entrar en esos espacios y enseñarte algo nuevo. Si todas tus conversaciones dejan de centrarse en ti, quizá escuches alguna experiencia espiritual extraordinaria de otra persona, el modo en que ha enfrentado un reto o dificultad personal (lo que te podría servir de ejemplo), o te enteres de que todos os deberíais estar preparando en serio para el tercer milenio.

7. Sé franco a la hora de expresar tu necesidad de amor

Como la mayor herida del Buscador de atención es no sentirse amado, podría evitarse muchísimas súplicas para obtener atención si aprendiera a decir sencillamente: «Dime que me quieres, por favor», o: «Necesito tu amor».

Meditación para el Buscador de atención

Me sentiré amado cuando recuerde que necesito dar atención además de recibirla. Mi relación mejorará en la medida de mi generosidad. Cuanto más deje de tener centrada la atención en mí mismo y la ponga en mi pareja o en los demás, mejor será mi relación. Cuando exprese mi amor me sentiré amado.

Afirmaciones equilibradoras

La persona que amo no es igual que yo.
Los demás también tienen necesidades.
Cuando doy amor me siento amado.

2
El Emotivo

«Llévalo al límite una vez más.»

Los emotivos son la supernova ardiente del espectro de las personalidades. Histriónicas y rimbombantes, estas personas iluminan toda habitación con su enérgica presencia. La emoción es la vida que viven, el aire que respiran; y cuanto más fuerte y prolongada, mejor. Emoción viene de la palabra latina que significa «sacar fuera», y el Emotivo está constantemente sacando energía y sentimientos de su cuerpo hacia el ambiente que lo rodea.

Se está muy bien en compañía de los emotivos porque con ellos todo es una aventura de proporciones épicas. La persona emotiva es una reina del drama, propensa a la exageración: siempre es la que ha tenido el «peor» día, el «mejor» trayecto en tren, el «más» fabuloso flan de chocolate; ha perdido un millón de dólares (en realidad mil) y ha contestado 500 llamadas telefónicas (bueno, 15). Son excelentes vendedores, relaciones públicas, agentes, gerentes y animadores; lo hacen muy bien en las profesiones que requieren bombo y platillo, crear algo o a alguien. Suelen ser muy estimulantes, porque son maestros en el uso de la emoción para producir efecto.

Las personas del tipo Emotivo también suelen ser encantadoras, y arrastran en su torbellino de energía. Es posible que no nos guste el grado de energía que emanan, pero de todos modos nos cautivan, porque su vehemencia y su entusiasmo nos elevan a alturas a las que solos no nos atreveríamos a subir jamás.

En el Emotivo no hay nada oculto, nada soterrado, nada

bajo la superficie. Sabrás que estás ante uno de ellos cuando esa persona siempre te diga lo que siente en términos inequívocos, sin refrenarse. Después de una conversación con un Emotivo uno nunca tiene que preocuparse de que haya quedado algo sin decir; si siente algo, lo dice, te lo aseguro. A diferencia del Buscador de atención, el Emotivo sencillamente necesita expresar sus sentimientos, y con fuerza. Y, una vez que lo ha hecho, se calma y escucha, porque ya ha tenido sus estremecimientos emocionales.

Katherine es una Emotiva encantadora e ingeniosa que, nada más acabar la universidad, comenzó a trabajar en el escalafón inferior de una importante editorial. Ahora, a sus 35 años, acaba de ser nombrada directora de publicidad. Ha llegado a alcanzar ese puesto con rapidez debido a que es una publicista elocuente y entusiasta; los hastiados productores de televisión y de radio, atrapados en su torbellino de entusiasmo, invitan a sus programas a los autores de esta editorial más que a los otros. Y lo mismo le ocurre en su vida amorosa; irradia tanto encanto y energía que cautiva a sus posibles novios o amantes. Pero, cuidado con que alguien la decepcione, ya que abordará inmediatamente a la persona, apuntándola con el dedo y diciéndole en voz muy alta lo que ha hecho mal. Suele hacer amenazas falsas («Me marcharé», «Te dejaré»), en el acaloramiento del momento, aunque después asegura que no lo decía en serio.

Signos reveladores del Emotivo

- Siente y expresa sus emociones con vehemencia.
- Llora y/o grita muchísimo.
- Arma escenas dramáticas en sus relaciones.
- Le gusta experimentar sentimientos intensos.
- Piensa que los demás no son suficientemente emotivos.
- En la relación expresa los sentimientos por los dos.

Una mirada con más detenimiento: Características distintivas del Emotivo

1. Expresa sus emociones con exageración

Desde el punto de vista psicológico, los emotivos son unos histéricos. Dan la impresión de querer sumergirse en lo profundo de las aguas emocionales; a toda situación reaccionan con «sus sentimientos». No se limitan a decirlo, sino que demuestran lo bien o lo mal que se sienten. Tienen los sentimientos que la mayoría de los demás simplemente evitaríamos o reservaríamos para ocasiones especiales. El dicho «No es necesario hacer un problema nacional de cualquier insignificancia» suele ser bastante aplicable a sus actitudes; explotan en un abrir y cerrar de ojos, y hacen un drama de cualquier cosa que les ocurra o suceda en una relación.

2. Todo le afecta emocionalmente y necesita que los demás lo sepan

Las personas emotivas siempre quieren que los demás sepan cómo se sienten; no les basta con aducir sus razones o dar calmadamente una opinión, tienen que armar una escena, chillar, gritar, amenazar, arrojar sartenes, decir que lo que se les ha hecho es imperdonable, inimaginable, y hasta es posible que la otra persona tenga que arrastrarse por encima de los vidrios rotos para congraciarse. En los casos más extremos, hasta podrían recurrir al maltrato físico.

Para ellos todo es una oportunidad para un desenfreno emotivo; nada tiene la magnitud de intensidad que pueda registrar su escala de Richter emocional: un terremoto emotivo capaz de derrumbar una ciudad grande escasamente se percibe en el punto más bajo de sus instrumentos de medición. Siempre tienen una reacción a algo, y el 99 por ciento de las veces es intensa. «¿Cómo que no importa?» o «¿Cómo has podido hacerme eso?» Estos son los conocidos gritos de guerra de un Emotivo variedad corriente.

Todo es una catástrofe para estas personas. No es: «Mi marido se ha retrasado cuarenta minutos en llegar del trabajo», sino:

«Seguro que ha tenido un accidente, el coche se ha incendiado y él ha muerto quemado, no volveré a verlo nunca más»; no es: «Mi mujer gasta demasiado con las tarjetas de crédito», sino: «Nos va a llevar a la ruina, acabaremos pidiendo en la puerta de la iglesia». Y al expresar sus sentimientos suele decir cosas que después asegura que no decía en serio: que te va a abandonar, que eres la peor persona del mundo, que se va a arrojar del puente a causa de lo que has hecho. Aunque desean que se tomen en serio sus sentimientos cuando se sienten dolidos o molestos, se quedan estupefactos si la otra persona se muestra dolida por algo que dijeron en su acaloramiento.

Y aunque les gusta el mundo de las emociones en general, sobre todo su propia expresión emocional, cada Emotivo tiende a especializarse en una determinada emoción. Por ejemplo, algunos son quejicas. Conozco a una mujer con la que no se puede tener una conversación que trate sobre algo que no sea que su vida está a punto de caer por el precipicio: le han ocurrido catorce cosas increíbles, su nivel de azúcar está descontrolado, su novio acaba de dejarla, se le ha roto la cubitera, el jardinero lleva semanas sin presentarse y la hierba ya llega a las ventanas; además, su hija la ha repudiado, está más gorda que nunca y, por cierto, ¿por qué no me has llamado últimamente para enterarte de todo esto?

Otro subtipo de emotivos es el de los que gritan y dan portazos. Estas personas sólo saben que sienten algo si elevan el tono, gritan a voz en cuello y hacen temblar los cristales de las ventanas o a los vecinos bajo sus mantas; entre otras reacciones, a parte de los portazos, están la de salirse de la carretera retrocediendo y lanzando oleadas de gravilla, o la de arrojar la sartén al otro extremo de la cocina. Estos comportamientos, como es lógico, tienen el efecto de aumentar su excitación y de aterrorizar a las personas que están cerca de ellos.

Otros emotivos son dados a los insultos verbales. Arrojan sus piedras emocionales diciendo algo mezquino y desagradable que hiere a la otra persona. Es como si supieran exactamente cuál es el punto débil emocional de todo el mundo; apuntan a la yugular y nunca yerran el blanco. Son adivinos certeros, normalmente sin darse cuenta; la aniquiladora verdad hierve en ellos como la lava del Vesubio y ellos dejan que se derrame. Los estallidos de las personas de este subtipo tienen un filo que nunca deja de asesinar el carácter de la otra persona o penetrarle justo en el punto donde es más vulnerable.

Otros emotivos son lloricas. Cualquier cosa que se les diga les hiere los sentimientos, y tienen que echarse a llorar en ese mismo instante, delante del otro. Podrían ser unas pocas lágrimas que inspiran lástima, pero la mayoría de las veces son sollozos rugientes que hacen sentirse a su interlocutor como si tuviera que cuidar de ellos, como si hubiera hecho algo imperdonable, y entonces tiene que encomendarse a Dios, porque ha de encontrar la forma de que dejen de llorar.

Por último, están los emotivos arrojadores de cosas. Si no tiran algo haciéndolo trizas, envolviendo a la otra persona con ello u observando cómo cae en el otro extremo de la habitación, les parece que no han expresado sus sentimientos lo suficiente. Sólo así, la otra persona se enterará de cómo se sienten por lo que ha ocurrido, por lo que acaba de hacerle o por lo que no ocurre en la relación. Al igual que los antiguos lanceros, expresan el mensaje poniendo en órbita un objeto, dando a entender que la otra persona ha infringido un límite invisible.

3. Cree que sólo importan los sentimientos

En realidad, es fácil identificar al tipo Emotivo porque estas personas siempre usan frases del estilo: «Bueno, esos son mis sentimientos», o: «¿Es que no sientes nada por lo que ha sucedido?», o: «No sabes lo que es sentir». No son conscientes de ello, pero sólo viven para esos momentos intensos. Y como son personas sensibles, cuando hay emociones en abundancia, se sienten felices.

La cruda emoción es el medio de intercambio para ellos. Les encanta expresar su pasión, su miedo, su ira y su entusiasmo con mucha intensidad; critican a y desconfían de las personas que no sienten con su misma intensidad.

4. Le encanta crear drama

Dado que el alimento de la vida emocional de cualquier Emotivo es una experiencia emocional intensa, no saben qué hacer si el día amanece despejado y hermoso. Por lo tanto, si no se ha desatado ningún drama, inconscientemente llegan al extremo de crear uno, para sentir que la vida es interesante y que sucede algo. A este drama creado o instigado yo lo llamo «el encuentro apasionado».

Con esto quiero decir que sacando a relucir cualquier problema emocional (como, por ejemplo: «¿Que no tiene importancia que debamos un poco de dinero?»), el Emotivo genera una riña que al final provoca la reacción ofendida, exasperada o intensa de su pareja. Y cuando ese intercambio emotivo llega a grados muy elevados de intensidad, entonces el Emotivo se encuentra en una atmósfera que le resulta conocida: es el grado de intensidad que necesita para sentirse conectado emocionalmente con su pareja.

5. Encuentra natural el descontrol

Dado que los sentimientos son lo más importante para el Emotivo, y que estos son la antítesis de la razón, desquiciarse es lo natural para estas personas. El placer sosegado o la evolución tranquila del proceso de la relación les resulta aburrido, falto de interés, y hasta podría parecerles irreal; que todo esté descontrolado es lo normal y natural para ellos. Muchas veces no se enteran de qué está diciendo la otra persona si ésta se limita simplemente a hablar; y cuando casi se desgañitan chillando y gesticulando, piensan que «sólo están manteniendo una conversación». Y después, como si les fallara la memoria, argumentan que sólo querían decirle al otro cómo se sentían, ya que la pérdida de control, el hecho de dejarse llevar por sus sentimientos, les resulta tan natural que no logran ver que sea algo especial; para ellos es el grado de emoción normal y correcto.

Por qué amamos a los emotivos

Los emotivos son interesantes y explosivos. Nos muestran la vida en toda su plenitud de sentimientos, y nos enseñan que esa intensidad emocional es una de sus experiencias hermosas. Su capacidad de sentir emociones tan intensas por cosas simples o aparentemente sin importancia, nos permite hacernos una idea de la sorprendente complejidad de la vida, de la belleza de las emociones y de la profundidad de los sentimientos. Nos enseñan que la riqueza emocional es uno de los grandes recursos inexplorados de nuestra vida.

Las personas que reprimen o evitan sus sentimientos, que están desconectadas de ellos o que nunca han tenido la libertad de desarrollar la expresión sana de sus emociones, se sienten atraídas por los emotivos, porque a través de ellos y de su manera tan exagerada de expresar lo que sienten (sobre todo por parte del histérico Emotivo) pueden ver y convertir en realidad, a veces por primera vez, el mundo de los sentimientos. De hecho, el Emotivo suele expresar las emociones de los dos componentes de la pareja, y ese es su don; asume el trabajo de emocionarse de una o más personas, y por eso se expresa en voz alta, con más intensidad y con mayor frecuencia que si el resto de nosotros colaborara.

Estas personas son fabulosas para inyectar energía, y por eso atraen a las que están deprimidas o aletargadas. Los emotivos son un fabuloso antídoto para los que tienen poca energía o sentimientos menos intensos.

Cómo nos irritan

La persona emotiva es un volcán de sentimientos que puede hacer erupción en cualquier momento. Siempre hay que contar con que sentirá algo por algo y que lo hará con fuerza. Además, dado que sus sentimientos son tan intensos, siempre quiere «procesarlo» todo, para aliviar la presión interior que le causan esas emociones. Esto normalmente significa que le dirá al otro, en términos inequívocos, lo mal que le ha sentado todo, esperando que el otro se defienda, comprenda minuciosamente su postura o le pida perdón.

En consecuencia, los emotivos son agotadores; hacen las relaciones difíciles y tempestuosas, y la vida fragosa y fragmentada. A veces nos asustan; suele dar miedo estar en presencia de esas emociones tan intensas, sobre todo cuando van dirigidas a nosotros; no sabemos qué hacer, no entendemos, nos sentimos impotentes. Hace falta mucha energía para pasar por emociones de ese grado de intensidad; y nos agotan, porque no nos gusta vivir en esos extremos; no nos gusta vivir con el fuego tan fuerte que la olla esté siempre hirviendo.

Además, una persona emotiva es capaz de volver emotivo al ser más tranquilo y bienintencionado del mundo, durante minutos, horas o toda una vida, ya que siempre insiste en relacionarse en el dominio emocional de esa intensidad febril.

¿Qué pasa en realidad?

Por lo general, los emotivos se han criado en un ambiente dominado por una cierta histeria continua, y lo único que reconocen como encuentro amoroso es el exceso de emoción expresado de un modo exagerado. Cuando se eleva la intensidad emocional y se expresa en tono agudo y desproporcionado, estas personas piensan que están participando de una verdadera experiencia con otra persona; cualquier expresión de intensidad inferior no viene a tono. Así pues, cuando las cosas están tranquilas o, según ellos, se merecen una reacción importante, hacen todo lo posible para que la relación alcance su máximo grado de emoción, y cuando por fin consiguen que los dos estén inmersos en un grado de intensidad que a los demás nos parece por encima de lo normal, se sienten felices; es como si de esa manera hubieran logrado conectar con la otra persona, y ese encuentro apasionado fuera para ellos la forma verdadera y correcta de estar comprometidos en una relación.

Por ejemplo Paul, a quien sus amigos solían decir que era

el hombre más emotivo del planeta, se crió en una familia de doce hermanos y un padre alcohólico, que estaba sobrecargado de trabajo y acosado por las deudas y el alboroto que producía una familia tan numerosa. Noche tras noche llegaba a casa borracho y, bien por capricho o porque su mujer se lo pedía, pegaba a sus hijos. Se merecieran o no el castigo, todos vivían aterrados de que ese gigante furioso llegara a casa y los pulverizara. No había ni un solo día de paz y tranquilidad; y tampoco regularidad en nada, aparte de la rutina de que su padre se emborrachara y golpeara a alguien cuando su ebriedad llegaba al límite.

Sheryl también se crió en una familia con matices histéricos, no tan evidentes como en el caso anterior, pero sí notorias. Su madre tenía una especie de histeria corporal: vivía preocupada por los gérmenes. Cuando los niños tenían que asistir a una fiesta de los compañeros de clase, ponía a remojar en lejía su ropa interior durante tres días, para que estuvieran «protegidos contra cualquier germen extraño». Y siempre que alguien de la familia se hacía un arañazo, tenía dolor de oídos o le picaba una pulga o un mosquito, se ponía a pronosticar la peor catástrofe, y decía que aunque ese fuera el único caso en la historia de la humanidad, incluso algo tan mínimo como un uñero podía conducir a la muerte.

La madre de Sheryl armaba un alboroto por todo; por pequeña que fuera una herida o lesión física, montaba un verdadero escándalo, en parte angustiada por sus hijos, y en parte porque pensaba y quería hacerles creer a los demás que las catástrofes eran tan comunes que esa era la única reacción normal.

En la actualidad, como ya habrás adivinado, tanto Paul como Sheryl son emotivos en sus relaciones. Y aunque no expresan su histeria del mismo modo que sus respectivos progenitores, Paul es un llorica y Sheryl una arrojadora de objetos; la cuerda emocional de ambos es muy corta, y no les cuesta nada levantar la voz a decibelios que hacen estremecer al vecindario.

La herida emocional del Emotivo es que ha vivido en un caos emocional y su reacción es el miedo, consciente o inconsciente. Igual que Paul y Sheryl, la mayoría de los emotivos se criaron en un ambiente en que vivían aterrorizados y en el que, por lo tanto, *el miedo era la reacción correcta y adecuada.* La experiencia infantil de la persona Emotiva no es que de vez en cuando hubiera algo a lo que temer, sino que vivía cada día en un estado de terror: con una madre esquizofrénica, un tío que abusaba sexualmente de ella o una familia que era zona de guerra emocional, por nombrar sólo unas pocas de las situaciones aterradoras que producen los adultos emotivos. Pero ese terror incesante es un estado antinatural, al que el cuerpo responde viviendo en una reacción de lucha o huida continua e intensificada.

Lo que esto significa es que incluso en su infancia, los emotivos están siempre listos para emprender la huida o para presentar batalla (gritar, chillar, arrojar cosas), haciendo lo que sea necesario para asegurarse su supervivencia. Dado que han vivido en ese estado durante toda su infancia, esas reacciones también están muy arraigadas en ellos. Es triste decirlo, pero lo cierto es que esa intensa lucha por sobrevivir ha sido el único elemento constante de su experiencia vital. Han vivido tanto tiempo en un estado de miedo que en realidad no saben estar sin él. Todo lo que ocurre, por insignificante que sea, lo ven a través de los ojos del miedo y de la lucha por la supervivencia.

En resumen, nunca han experimentado la belleza sanadora de la tranquilidad y la calma. Nunca han tenido el privilegio de aprender que la comunicación mutua de tranquilidad y profundidad, en que se contienen y se expresan las emociones, puede tener tanto sentido en una relación como esos «estallidos» de sentimientos, y esa es su tragedia. De hecho, los emotivos no ven la diferencia entre una pradera de margaritas y un alud, ya que si la nieve no se precipita por la ladera arrollando y enterrando gente a diestro y siniestro, piensan que no ha ocurrido nada. Así, bajo su exceso de emoción hay un profundo anhelo de seguridad y paz.

La diferencia entre un Emotivo y todos los demás

Si bien la expresión de emoción intensa es una parte apropiada del repertorio emocional de todo el mundo, el Emotivo la lleva a extremos. Para esta persona todas las situaciones se merecen un despliegue de exceso de emoción, y no sabe discernir cuándo es apropiada una reacción intensa y cuándo podría ser mejor refrenarla o reservarla para una ocasión más excitante.

Todos tenemos un profundo pozo interior de emociones y experiencias de duelo, aflicción, entusiasmo y alegría que nos mueven a sacar de ese depósito sentimientos de enorme intensidad. Sin embargo, mientras que las parejas normales, felices, son discretas a la hora de manifestar emociones intensas, los emotivos no.

Tampoco consideran excesiva su intensidad; y dado que vivieron su infancia en un manicomio metafórico (o real), por muchos decibelios que produzcan para hacerse oír, siempre dirán que «sólo estaban dando a entender cómo se sentían».

Lo que nos enseña el Emotivo

Vivimos en un mundo que, paradójicamente, sobrevalora y subvalora la emoción. Aunque vemos muchos asesinatos al día por la televisión, no sentimos nada, aun cuando en otro tiempo la intención era justamente excitar con esas cosas nuestras emociones. Por eso, en este sentido, los emotivos, dado que con frecuencia viven en un exceso emocional, nos reconectan con la conciencia de los grados de emoción «buenos» y «malos». Nos despiertan el discernimiento; si queremos, al mirarlos podemos tomar posición respecto al uso correcto e incorrecto de la emoción en nuestras relaciones y en nuestra cultura.

Estas personas también nos enseñan mucho acerca de la belleza de la animación emotiva. Como están conectadas con sus emociones, nos recuerdan que todos tenemos una esencia emocional, que hay cosas por las cuales deberíamos sentir profundamente. Mientras no sintamos lo que nos corresponde, ellos continuarán haciendo la tarea de sentir por todos nosotros.

Lo que el Emotivo necesita aprender acerca de las relaciones

El reto para la persona emotiva es aprender que hay otras formas de expresar no sólo el amor, sino también las emociones; que las aguas tranquilas también son profundas; que podemos sentir con intensidad sin armar una escena, y que a veces la delicadeza para expresar las emociones nos llega más al fondo del corazón que un choque en una pista de coches de carrera.

Los emotivos necesitan aprender que una relación es una mezcla de momentos intensos y mesetas de calma. En los periodos tranquilos de la relación generamos profundidad simplemente compartiendo las experiencias y la compañía, aprendiendo los modos de actuar de cada uno, disfrutando del viaje de la vida que hacemos juntos: un paseo por la playa, la cara de felicidad de nuestros hijos, nuestras amistades y vida social, el cine, los informativos, el tiempo atmosférico, el salmón a la parrilla que nos hemos preparado para comer, y todas esas notas apacibles que nos hacen avanzar en la sinfonía del amor, interrumpidas aquí y allá por los momentos dramáticos y los sentimientos expresados con intensidad y que son los crescendos en el tranquilo movimiento andante.

Y si bien los emotivos tienen muchísimo que enseñarnos sobre la profundidad y la complejidad de nuestra vida emocional, sobre lo profundos e importantes que son nuestros sentimientos, lo irónico es que ellos tienen muchísimo que aprender sobre las emociones, sobre cómo moderarlas y expresarlas apropiadamente. En resumen, necesitan aprender que no toda transgresión en la relación es un problema de dimensiones nacionales, que el amor es un proceso interior y exterior a la vez, y que aunque en el interior podemos tener sentimientos potentes, no todo lo que sentimos dentro hay que expresarlo fuera. De hecho, cuando desarrollan la capacidad de contener y controlar sus sentimientos, descubren que esos sentimientos no expresados los cambian interiormente de un modo que les hace más agradables y placenteras las experiencias de la relación.

En el fondo, los emotivos necesitan aprender que el presente no es el pasado, y que lo más probable es que la persona con quien están relacionados actualmente no represente ningún peligro para ellos. Cuanto más reconozcan que su miedo es una resaca del pasado, más capaces serán de olvidarlo y de confiar en que, ocurra lo que ocurra, lo podrán tratar de un modo tranquilo y también sentido.

Lo que puedes hacer para equilibrarte si eres un Emotivo

1. Identifica la forma de histeria de tu familia, y escribe acerca de cómo te sentías en tu infancia

¿Sentías miedo? ¿Lo encontrabas excesivo? ¿Había ocasiones en que pensabas que la persona que expresaba sus emociones de un modo tan terrible podría haber elegido otra manera de hacerlo?

Mientras te sumerges en el proceso de recordar, ten compasión de ti mismo. Recuerda al niño que se sentía aterrado, acosado, atacado, zarandeado en medio de esos cambios de humor y reacciones exageradas, y trata de conectar con la forma en que desearías que hubieran reaccionado tus padres a las situaciones que desencadenaban su histeria.

Toma nota, aunque te resulte difícil, de cómo tu histeria se asemeja a veces a la de tus padres. ¿Eran lloricas y tú también lo eres? ¿Arrojaban cosas y tú, en tus peores momentos, haces lo mismo? ¿Levantas la voz y asustas a las personas sólo para decirles algo, tal y como hacía tu padre o tu madre?

A medida que veas amorosamente la similitud, también generarás la posibilidad de cambio, sobre todo cuando recuerdes a ese niño que en otro tiempo sabía que tenía que haber otra manera de expresar y llevar las cosas.

2. Haz respiraciones o meditación

A las personas que son excesivamente emotivas les sería muy beneficioso practicar alguna clase de meditación o respiración consciente. Esta forma de concentrarse en la energía no sólo la distribuye por todo el cuerpo, sino que además ofrece unos momentos diarios para experimentar la belleza del silencio y la quietud. En lugar de reaccionar emocionalmente a todo pensamiento que surja, descubrirás que muchos pensamientos y percepciones que podrían ser explosivos para ti durante el tiempo de «vigilia normal», en un estado de meditación sencillamente los podrás observar.

Practicarla durante veinte minutos, una o dos veces al día, puede hacerte progresar muchísimo en la toma de conciencia de otra realidad. Y a medida que vayas viendo que existe otra manera de llevar las emociones, irá aumentando tu capacidad para liberarte tú y liberar a tus seres queridos de esos estallidos incontrolables que acaban generando dificultades en las relaciones, haciendo añicos la intimidad y causándote vergüenza.

3. Pregúntate de qué tienes miedo

Dado que la emoción impulsora del Emotivo es el miedo, cuando veas que te pones histérico por algo, digamos que tu mujer (o tu marido) no te ha prestado mucha atención últimamente, pregúntate: «¿De qué tengo miedo?». Cuando llegues al fondo y comprendas cuál es tu verdadero miedo, por ejemplo, que tu pareja ya no te ame, entonces mantén una conversación contigo mismo (y con ella) sobre el problema. ¿Es realista tu temor, o podría deberse a alguna otra cosa? Cuanto más al fondo del miedo llegues, menos necesidad tendrás de desahogar todas tus emociones sobre la persona que amas.

Si encuentras que es muy difícil hacer esto solo, pídele a tu pareja que te haga la pregunta: «¿De qué tienes miedo en realidad?». Una emotiva que conozco, y que está casada con un fantasioso, le pide a él que le haga esta pregunta cada vez que nota que se está poniendo histérica. Y eso obra maravillas a la hora de aliviarle el miedo y devolverla a la realidad.

4. Pregúntale a la otra persona qué pasa

Como el Emotivo tiene reacciones bioquímicas secundarias a lo que sea que precipita su reacción emocional, una vez que se haya afirmado un poco en el mundo de lo apacible, puede añadir otro comportamiento que también le irá muy bien. Se trata de lo siguiente: en lugar de reaccionar inmediatamente y suponer lo peor, emplea la técnica, probada y cierta, de simplemente preguntar a la otra persona qué pasa. ¿De verdad has sacrificado al perro esta tarde y por eso la comida está todavía en su plato o hay algún otro motivo? ¿Me has dado un plantón porque eres un bruto ingrato y desconsiderado o porque se te ha pinchado una rueda mientras te dirigías a mi casa? Preguntar es muy útil para resolver problemas emotivos.

Cuanta más tranquilidad le pongas a descubrir qué le ocurre a la otra persona (ella pensaba hacerlo mañana, fue un contratiempo que nunca se volverá a repetir; se retrasó porque se detuvo a comprarte flores), más capaz serás de ver que, fuera lo que fuera, no valía la pena armar un escándalo.

5. Deja de poner un 86 a un 10

Un Emotivo que conozco, Harvey, solía hacer lo que yo llamo «poner un 86 a un 10». Lo que quiero decir con esto es que si un contratiempo, una dificultad o una ofensa hecha por un amigo o su novia tenía una puntuación de 10 en una escala del 1 al 100 (llegó tarde unos minutos y no me llamó; se olvidó del pan cuando fue a hacer la compra, o no echó la carta en el buzón esa noche, pero lo hizo a la mañana siguiente), Harvey lo valoraba en 86. Es decir, por cada una de esas pequeñas infracciones en la relación, armaba un alboroto de padre y muy señor mío, como si la infracción fuera de un 86 en una escala del 1 al 100.

Introducir realismo en el vocabulario emocional del Emotivo significa comprender que muchas de las cosas que ocurren en una relación, de hecho la mayoría, son de 3, 5, 10, 12 o 15 en esta escala. Casi ninguna de 86, porque de ser así, para empezar, no mantendríamos esa relación. No valdría la pena estar con alguien que continuamente comete infracciones de 86.

Por lo tanto, deja de valorar los 10 como 86, y cuando algo te moleste o te ofenda, pregúntate qué puntuación le darías en la escala del 1 al 100 y cuál sería en realidad la emoción apropiada a la hora de reaccionar.

6. Dispónte a vivir en la calma

Como ya he dicho, los emotivos están tan familiarizados con la histeria que les parece que la realidad está hecha de ella. Por lo tanto, al igual que un ratón podría decir que la luna está hecha de queso azul, y un cachorro, que todo el mundo está lleno de huesos para perros, el Emotivo diría que todo el mundo es histérico, y que todo está siempre en un estado de conmoción ligeramente caótico que requiere una reacción emocional igualmente intensa.

Pero para moderar la histeria es necesario estar dispuesto a vivir en la calma. Eso significa encontrar otras satisfacciones aparte de la intensidad emocional. Lo sepas o no, la intensidad emocional crea una carga eléctrica en el cuerpo que es como una ligera «euforia»; produce la liberación de endorfinas. Por eso te sientes mejor una vez que has sacado fuera sentimientos que podrían destrozar el corazón o la materia gris de tus amigos y amantes (haciéndolos dudar de querer volver a ir otra vez a ese restaurante donde decidiste reclamar a voz en grito por el mal servicio). Ahora bien, existen otras maneras de manejar las emociones.

En primer lugar, busca otras satisfacciones en la vida. Busca una afición. Haz algo que centre tu atención de un modo creativo, para que dirijas la energía de tus emociones hacia lo que te dé resultados concretos, fructíferos, en lugar de dispersarla con expresiones emocionales espontáneas y desenfrenadas.

Sean, un tapicero muy emotivo que siempre perdía los estribos con sus parejas románticas, a sus cuarenta años descubrió que tenía una dimensión oculta como pintor. Pues bien, cuando comenzó a pintar, no sólo disminuyó su frustración con respecto a su trabajo, sino que también descubrió que la atención que le exigía su creatividad le disipaba la histeria. Cuanto más pintaba, más capaz era de controlar sus sentimientos, y con el tiempo logró expresarlos de modo cada vez más adecuado en todas sus relaciones.

Los emotivos tenéis mucha energía que necesitáis canalizar. Por lo tanto, búscate una afición, un ejercicio físico o una actividad creativa que te permita hacerlo y, a la vez, introduzca equilibrio emocional en tu vida.

7. Sorpréndete en falta y pide disculpas

Evidentemente nadie es perfecto, y tú, como era de esperar, tampoco; y sería muy aburrido si lo fueras. Y no sólo eso sino que, como ya he dicho, los demás necesitamos que los emotivos mantengan encendidas sus emociones. Pero de aquí en adelante, cuando te desbordes y las lleves al límite, podrás cogerte con las manos en la masa y pedir disculpas.

Sin embargo, a veces es tal la vergüenza inconsciente que sentimos ante nuestro comportamiento histérico, que en lugar de pedir disculpas, nos escondemos en un rincón, como el perro que hace sus necesidades en la alfombra de la sala de estar y luego trata de fingir que no ha ocurrido nada. Y de este modo, los emotivos, en lugar de reconocer sus actos y pedir disculpas, se limitan a desaparecer o a cambiar de tema, por ejemplo haciendo un comentario sobre el tiempo: «¿Me vas a creer si te digo que sigue lloviendo?», «Oye, hace frío fuera».

No obstante, puedes comenzar a cambiar si cada vez que te das cuenta de tu comportamiento, pides disculpas. Esto te tranquilizará, te aproximará a la otra persona y te servirá para ver la diferencia entre la expresión emocional no apropiada y las emociones correctas que vale la pena expresar.

Pedir disculpas no elimina el comportamiento difícil, pero con el tiempo desarrolla una conciencia interior de la diferencia entre comportarse apropiadamente y hacerlo como un histérico. Te permite verte como una persona que es capaz de controlar sus sentimientos, de adecuarlos a la situación, y de sentirse menos avergonzada en el amor.

Meditación para el Emotivo

Ya no tengo por qué sentir miedo. Mi miedo era abrumador, pero las cosas que me abrumaban eran del pasado. No hace falta que grite; me oyen igual si susurro y digo mi verdad en voz baja y tranquila. El amor es lo contrario del miedo; cuanto más atrás dejo mi miedo, más puedo amar y ser amado.

Afirmaciones equilibradoras

No tengo por qué alterarme por «todo».
Eso no va a cambiar nada, ni en cien años.
Estoy dispuesto a dejar de tener miedo.

3
El Flemático

«¿Quién, yo? ¿Yo preocupado?»

El Flemático es el tipo tranquilo, estable, optimista y «equilibrado» del espectro de las personalidades. Es tranquilizador estar con estas personas porque están convencidas de que la mayor parte del tiempo todo resulta bien, mientras nadie se exalte demasiado por las cosas. Por lo general son ecuánimes, apacibles y alegres (hasta que les presentas tus sentimientos; entonces podrían hacer cualquier cosa para alejarse de ti o impedirte que expreses tus emociones, sobre todo aflicción o miedo).

Los flemáticos tienden a ser metódicos y a moverse con más lentitud que los otros tipos. Esto se debe a que sus emociones nunca los aceleran ni los sacan de quicio. Así pues, mientras los emotivos despegan como un cohete y arrastran a los demás con ellos, los flemáticos, negadores de las emociones, tienden a pensar que todo entra en una pauta muy ordenada de un mundo bastante fiable. Y dado que esto es así para ellos, también creen que no hay por qué preocuparse, y que, si surge algún problema, ya se solucionará.

Ed y Lorna estaban de vacaciones en Italia cuando se produjo un terremoto en su ciudad; por las noticias se enteraron de que había habido 60 muertos y que el epicentro era cerca de la zona donde habían dejado a sus hijas, de nueve y diez años, en casa de unos amigos. Lorna se angustió muchísimo, como es lógico, e insistió en llamar por teléfono. No lograban comunicar, porque las líneas estaban todas bloqueadas, por lo que él la tranquilizaba diciendo: «¿Qué posibilidades estadísticas puede haber de que entre esos sesenta muertos estén nuestras dos hijas?».

Mortificada por la reacción de su marido, ella siguió insistiendo hasta que por fin, transcurridos dos días, lograron hablar con la familia y se tranquilizaron al saber que, aunque había habido cierta destrucción en el barrio, sus hijas estaban sanas y salvas. «¿Ves? Ya te lo decía yo –comentó Ed–. Podríamos habernos gastado el dinero de la llamada en salir a comer fuera».

Igual que otros negadores de emociones, Ed mira la vida desde un punto de vista práctico. La razón, la lógica, las probabilidades, esas son las herramientas de los flemáticos. En realidad, la mayoría de estas personas navegan por la vida sólo por la ruta de la lógica, y desconfían de los sentimientos de los demás precisamente porque no son lógicos. Otros tipos de personalidad, sobre todo los emotivos y los complacientes, se sienten atraídos por los flemáticos porque su ecuanimidad estabiliza los altibajos de su vida emocional más intensa.

Seguro que los flemáticos serán la calma en el centro del huracán, la voz de la razón, y que, surja el problema que surja, probablemente te darán algún consejo práctico.

Signos reveladores del Flemático

- Está tranquilo y sosegado, especialmente en una crisis.
- Los demás se sienten atraídos por su estabilidad y su inmutabilidad.
- Jamás llora.
- Discute cuando le sugieren que debería sentir algo.
- Basa sus decisiones principalmente en los hechos y en la lógica.
- Desea estar controlado.
- Está convencido de que lo que ocurrió en su infancia no tiene nada que ver con cómo es o está ahora.
- Los demás le dicen que es frío, objetivo, remoto, replegado o simplemente demasiado práctico.

Una mirada con más detenimiento: Características distintivas del Flemático

1. No cree en la realidad de los sentimientos

El Flemático no se da cuenta de que junto con el trabajo, la diversión, la economía, la salida del sol y la luz de la luna, la vida es también un río de sentimientos. Para estas persona es como si el mundo de la emoción fuera algo que inventaron otros, y entran en él con mucha renuencia. De vez en cuando se les presenta alguien con sentimientos fuertes y ese es un acontecimiento que les resulta muy difícil enfrentar; es algo que evitan a toda costa, como si el mundo de los sentimientos sencillamente no estuviera en su repertorio.

Dado que los sentimientos les producen incomodidad, también se resisten a reconocer que acontecimientos del pasado pueden tener algún efecto emocional en ellos ahora. «¿La infancia? Eso ocurrió hace mucho tiempo», le dirá la persona flemática a su novio o novia, su cónyuge o su terapeuta si tiene la osadía de sugerir que esos malos tratos que recibió entonces podrían haber tenido algún efecto en ella.

El Flemático no entiende que en cada uno de nosotros hay un hilo emocional continuo que va de la infancia a la edad adulta y que se expresa de modo muy especial en nuestras relaciones íntimas. «¿Para qué armar tanto alboroto?», dirá al amigo que se siente herido por un desaire de un compañero de trabajo, o por un desagradable comentario de su mejor amigo respecto a su novia. «Sólo se vive una vez, disfruta de tu vida; no vivas sumido en tus problemas.»

Para el Flemático, el vaso está siempre medio lleno, aunque pierda agua como un colador por su base, o sólo sea del tamaño de un dedal. De hecho, no cree que exista el mundo emocional, y suele necesitar un trastorno de proporciones gigantescas para que lo descubra en toda su pasmosa realidad, y le cambie la vida.

Para muchas de estas personas, un divorcio que no se esperaban suele ser su primer despertar emocional, el acontecimiento desencadenante que las arroja, contra su voluntad, al mundo de sus sentimientos. Lo curioso es que las catástrofes que los emotivos siempre piensan que van a producirse, suelen ser las llamadas a despertar para los flemáticos. Estos fóbicos de las emociones preferirían hacer cualquier cosa antes que enfrentarse a ellas.

2. Niega los sentimientos, los propios y los ajenos

Desde el punto de vista psicológico, el problema del Flemático es la negación y la sublimación. *Sublimación* es la palabra que emplean los psicólogos para explicar que, debajo del plano de la conciencia, desviamos nuestra energía emocional hacia comportamientos más aceptables socialmente. Por ejemplo, la chica que desea gritar y llorar porque su padre ha estado lejos once años, en los pozos petrolíferos de Arabia Saudí, y que en lugar de hacerlo se entrega a su trabajo escolar y se convierte en la primera de la clase, sublimando la pena de su ausencia. O el chico que habla de lo limpia que tiene siempre la casa su madre, «sublimando» la pena de que nunca lo abrace ni lo acaricie porque está siempre ocupada en los quehaceres del hogar. La sublimación es la forma que tienen los flemáticos de tragarse sus emociones.

Puesto que en el plano consciente no creen que exista el mundo de las emociones, cuando afloran sus sentimientos (porque han perdido su empleo, se ha muerto su padre, o su mujer amenaza con abandonarlo), simplemente niegan la realidad de esos sentimientos respecto a todas esas cosas: «Oh, no es tan terrible. Sólo ha sido una riña acalorada; se le pasará, está con el síndrome premenstrual», o: «No pasa nada; hay más trabajo en esa industria», o: «No veo por qué hay que alterarse tanto. Todos nos vamos a morir; eso forma parte de la vida. ¿Para qué ponerse tristes?».

Pero los flemáticos no sólo niegan sus sentimientos, sino que también realizan campañas sutiles (y a veces no tan sutiles) para negar el derecho a sentir de otras personas. Veamos, por ejemplo, lo que le ocurrió a Laurel. Había planeado unas vacaciones porque realmente las necesitaba; es maestra de escuela y estaba agotadísima, ya que además de ir a trabajar, le dedicaba una gran cantidad de tiempo a su anciano padre que estaba en una fase avanzada de la enfermedad de Alzheimer. Negoció las cosas con su compañero, Jeff, para que él se quedara a cargo de su padre mientras ella iba a Bali, y esperaba con ilusión esos días de descanso y rejuvenecimiento.

El día que se puso a preparar las maletas, su padre tuvo una crisis y tuvo que llamar al médico de urgencias; y cuando por fin llegó al aeropuerto, a unos 150 kilómetros, descubrió que se había olvidado el pasaporte. Llorosa y furiosa consigo misma, volvió a casa y se plantó llorando ante la puerta; Jeff, el típico flemático, estaba viendo el partido de fútbol de los lunes por televisión, así que cuando ella le contó lo ocurrido, sin dejar de llorar, lo único que le dijo fue: «No te aflijas así, no hay para tanto». «Pero es que he perdido todo un día de mis vacaciones», se quejó ella. «Bueno, eso no es gran cosa tampoco. Puedes irte mañana.» En lugar de comprenderla y simpatizar con ella, no tuvo en cuenta sus sentimientos y prácticamente la hizo sentirse tonta por tomárselo así.

Los flemáticos se caracterizan por intentar mantener las emociones en un grado mínimo; están al acecho para que nada tan desmadrado o confuso como una emoción viva pueda interrumpir la supuesta tranquilidad de sus relaciones, o de su vida.

3. Está orientado a los hechos, basa sus decisiones en la lógica

El Flemático se centra en su mente; puesto que vive en un mundo en el que no hay sentimientos, toma todas sus decisiones basándose en la lógica o en la inteligencia, incluso en cuestiones de sentimientos. Es muy concienzudo, y suele realizar una investigación a fondo sobre los asuntos, por ejemplo si debe casarse con una determinada persona o tener un hijo, cosas que al fin y al cabo son decisiones emocionales. Como si se tratara de escribir una disertación para el doctorado o un informe de ventas, en lugar de recurrir a sus sentimientos, se muestra seguro de que los resultados de su investigación serán una buena base para tomar la decisión.

Una joven y excelente abogada que conozco solía sentirse

divertida y a veces algo irritada por las incesantes peregrinaciones emocionales de su madre, a la que le decía a quemarropa: «¿Qué dificultad tiene tomar una decisión? Observa los hechos y luego decide». A veces reunía información para ayudarla: «Esto es menos caro que eso; ¿por qué no compras lo barato?». Puesto que su madre jamás podía tomar una decisión basándose sólo en datos, ella se sentía frustrada y finalmente renunció a ayudarla. Y después se sorprendía cuando al final su madre tomaba decisiones basándose, según ella, «en nada».

Un joven y próspero empresario que deseaba comprar su primera casa, se pasó un año y medio mirando propiedades en todo tipo de zonas. Cuando sus amigos le preguntaban por qué perdía tanto tiempo en ese proceso, él repetía: «Tengo que analizar todas las variables». Lo que no tomaba en consideración era que algunos barrios y casas eran más agradables para él que otros. Habiendo analizado todas las propiedades sólo desde el punto de vista financiero, llegó a la conclusión de que una casa situada a cierta distancia de la ciudad sería «la mejor inversión»; satisfecho por su análisis, la compró. A los dos meses de vivir allí, descubrió que todas las cosas que en realidad lo afectaban emocionalmente (sin saberlo él) tenían muchísima más importancia de lo que se había imaginado; estaba demasiado lejos de la ciudad, en un valle oscuro, y jamás veía la luz del sol, y además, todas las cosas que le gustaba hacer le quedaban a cuarenta y cinco minutos de trayecto en coche. Al final puso la casa en venta, la vendió y fue capaz de decirse que en realidad «no se sentía a gusto allí». Basar su decisión en la pura lógica le significó perder 30.000 dólares.

Laurie, una joven administradora de hospital, continuamente se trasladaba de una ciudad a otra en busca de un mejor salario; y cada vez que se marchaba dejaba a un novio detrás. Esto lo hacía porque para ella «lo más importante» era su profesión. Su padre jamás había ganado suficiente dinero y ella estaba decidida a conseguirlo. Lo cierto es que la situación económica siempre había sido un punto doloroso en la relación de sus padres y ella no quería seguir su ejemplo.

Sin comprender que en realidad su objetivo estaba dirigido

por la emoción (evitar los errores de sus padres), continuó creyendo que cada vez basaba su decisión sólo en el aspecto monetario y que la realidad económica objetiva era lo único que le importaba. Lo curioso es que, dados sus interminables análisis financieros, en lugar de tener problemas matrimoniales por culpa del dinero, lo que consiguió es no tener ninguna relación.

4. No tiene en cuenta que sus actos en las relaciones afectan emocionalmente a la otra persona

Bren, que llevaba más de dos años saliendo con Liz, no lograba entender por qué ella se enfureció cuando él tomó por su cuenta la decisión de aprovechar las vacaciones para irse de excursión con dos compañeros de trabajo. Un viernes, durante una cena romántica en un restaurante, le comunicó que se iría de excursión dos semanas a los Yosemite con Scott y Tom.

Ante la reacción de ella, le explicó todos los motivos por los cuales le convenía tomarse esas vacaciones, pero sin tener en cuenta que llevaban dos años saliendo juntos y que tal vez a ella le habría gustado irse de vacaciones con él. Sólo cuando Liz, muy frustrada, lo amenazó con romper con él, cayó en la cuenta de que sus actos tenían un efecto en los sentimientos de ella.

Dennis, próspero diseñador de páginas Web, cada día llegaba tarde a casa, y, como es de esperar, siempre tenía algún motivo. Con tres cuartos de hora o una hora de retraso, entraba con una sonrisa en la cara y abrazaba a Lisa, que normalmente estaba echando chispas. «¿Por qué estás tan molesta?», le preguntaba, como si esa reacción estuviera muy fuera de lugar. Ella le explicaba que estaba irritada, asustada o furiosa, y él le restaba importancia. «Pero ahora estoy aquí –decía–. ¿Qué es eso tan terrible?» Y si ella insistía en explicar su postura, él la trataba como si fuera una tonta de remate, y la acusaba de reaccionar de una manera exagerada.

Debido a esa constante evitación de la emoción, la otra persona se enfada y suele acabar enfureciéndose, marchándose o divorciándose después de un largo matrimonio que el Flemático consideraba feliz. «Todo este tiempo yo he sido feliz, no sé por qué tú no», suelen decir estas personas cuando el cónyuge está saliendo por la puerta con sus maletas. Sus parejas se vuelven excesivamente emotivas y expresan por los dos los sentimientos que ellos niegan.

Por qué amamos a los flemáticos

Los flemáticos son el lastre de estabilidad de los tipos en el amor. Mantienen la disciplina, defienden el fuerte, y aguantan el mundo firme, sujeto, reparado, siguiendo el rumbo y avanzando sin demasiadas interrupciones ni trastornos. Contamos con ellos justamente para que no se dejen llevar por las emociones en los momentos de gran emoción. Son los que tocan la última canción mientras se hunde el *Titanic*, los que se meten entre las llamas y sacan a los niños de la casa incendiada, los que se paran a un lado de la carretera para ayudar a cambiar un neumático a un desconocido, sin preocuparse de las posibles consecuencias o peligros que pueda tener para ellos; sólo es un problema que hay que solucionar. Saben que la vida va de lo que es necesario hacer; así que lo ven, lo entienden y lo hacen. Son personas dignas de confianza y estables. Siempre se puede contar con ellos. Cuando estamos pasando por cataclismos emocionales, es de agradecer que nos sostengan la brújula e icen la bandera roja en medio de la inundación, o que se mantengan inconmovibles e impasibles en épocas de desastre. Estas personas no emotivas son fabulosos maridos, esposas y socios en los negocios; se toman en serio la responsabilidad; cumplen como un reloj, y siempre se puede contar con ellas. Normalmente no se quejan, porque dado que no reconocen sus sentimientos piensan que no hay nada por lo que valga la pena quejarse. Son los baluartes de la humanidad y el equilibrio estable de cualquier relación.

Cómo nos irritan

El novio o la novia, la pareja y el cónyuge tienen problemas con los flemáticos porque nunca se puede intimar realmente con ellos. No desean cavilar ni explayarse en las cosas. Nunca conectan con sus sentimientos ni gozan de los placeres del mundo emocional. En consecuencia, no se tiene con ellos el tipo de exquisita relación íntima que sólo puede ofrecer un intercambio de sentimientos profundos en los dos sentidos. Las personas que se relacionan con ellos dicen que son fríos, remotos y replegados.

Aunque todos los demás tipos también nos irritan, los flemáticos tienen un talento especial para enfurecernos. Esto se debe a que su esencia es negar no sólo sus sentimientos, sino también los de la otra persona. En ese mundo emocionalmente irreal hacen sentir raras y desafinadas a sus parejas, primero, por tener sentimientos, y segundo, por expresarlos.

Y aunque por lo general eligen como compañeros a personas que están conectadas con sus sentimientos, para compensar su desequilibrio, inconscientemente emprenden campañas para impedir que el otro los manifieste, como si sus emociones fueran felinos salvajes que es peligroso tener sueltos. En su negación general de la dimensión emocional de la experiencia humana, sin darse cuenta inducen a quienes los aman a reprimir cada vez más sus sentimientos hasta que llegan a un punto en que explotan.

Otro motivo de que sus parejas se cansen de ellos es que tienden a ser bastante aguafiestas. Al reducirlo todo a una razón, a una perspectiva práctica, a una conclusión lógica o al análisis de las variables, son capaces de quitarle la luz a un día de verano, la espontaneidad a una fiesta de cumpleaños y el romance a una aventura amorosa. El Flemático te regala el diamante más pequeño para el anillo de bodas porque era «una ganga», te lleva a unas vacaciones baratas porque es «una oferta fabulosa», y no salta de alegría cuando le preparas una fiesta sorpresa el día de su cuarenta cumpleaños porque «no hay para tanto». En lugar de alegrarse o conmoverse profundamente por algo (forjando así un maravilloso lazo afectivo), es probable que a la pregunta de si le ha gustado la fiesta conteste: «Bueno, sí, lo he pasado bastante bien».

¿Qué pasa en realidad?

Debajo de toda esa lógica y todo ese pragmatismo, el *Flemático lleva la herida emocional de la pena*; su forma de apañarse y compensarla es la negación. En la vida de todo Flemático hay algo muy doloroso que ha tenido que negar: el dolor de la adopción, la pena de vivir con un progenitor frío, indiferente, o de que sus padres se divorciaran.

A edad muy temprana estas personas aprendieron a negar sus emociones, con el fin de sobrevivir a su pena, y debido a esto, no saben acceder a ellas. Aunque todos sus sentimientos están dentro, encerrados en un oscuro sótano de su psique, no saben encender la luz para poder buscar la escalera que las lleve hasta allí. A veces la pena es profunda, como por ejemplo la muerte de un progenitor. Y otras es la callada y continua frialdad emocional de unos padres lo que les rompe lentamente el corazón.

Walt, después de años de terapia, se echó a llorar diciendo simplemente que nunca había logrado que su madre le prestara atención. La quería, pero ella estaba siempre ocupada en algún proyecto de decoración de la casa; jamás lo abrazaba, jamás le leía un cuento, nunca le daba un beso de buenas noches. Un día llegó a casa con una heridita en la rodilla porque se había caído de la bicicleta, y cuando entró en la cocina con la rodilla sangrando, lo único que le dijo su madre fue: «No me ensucies el suelo con la sangre».

«Entonces fue cuando me cerré —me dijo—. Ese fue el día, la hora, el minuto.»

Wilfred, otro flemático, procedía de una familia de cuatro hermanos y perdió a su padre después de una larga tuberculosis cuando él tenía tres años. Abrumada por su viudez y por la carga de cuatro hijos pequeños, su madre volvió a casarse muy pronto. También muy pronto tuvo tres hijos más, de modo que en sólo unos años Wilfred y sus hermanos se encontraron con una familia de siete. Deseosa de no interrumpir la buena marcha de su nueva familia, su madre se comportaba como si todo fuera de color de rosa; sus siete hijos tenían un padre y la vida familiar se reanudó con apenas una pequeña arruguita.

Y aunque en la superficie todo parecía ir bien, y en realidad la familia prosperaba normalmente, los intensos sentimientos de duelo de Wilfred continuaban ahogados y reprimidos. Él y sus hermanos habían experimentado una de las pérdidas más aniquiladoras que puede sufrir un niño, la muerte de su padre, y sin embargo esa pérdida había sino negada y, de hecho, barrida bajo la alfombra. Nunca tuvieron la oportunidad de hacer duelo por su padre, ya que su madre, desde que volvió a casarse, no volvió a hablar de él; era como si se hubiera evaporado, o tal vez peor aún, como si no hubiera existido nunca y sólo fuera un producto de su imaginación.

A los niños nunca se les dio espacio ni tiempo para sentir dolor por la muerte de su padre; su madre no dejaba de decirles lo afortunados y felices que eran: «Tenemos una familia fabulosa. Lo estamos pasando maravillosamente bien, ¿verdad?». Pero como Wilfred había experimentado la mayor pérdida que un niño puede soportar, y le fueron negadas sus emociones del todo, lógicamente se convirtió en un flemático; después de eso, nada en su vida le parecía digno para reaccionar con emoción, ya que el único y enorme acontecimiento que realmente se lo hubiera merecido, fue tratado como si nunca hubiera ocurrido.

Así pues, Wilfred es hoy un negador de emociones de primera. Cuando le preguntas cómo está, siempre contesta: «Perfectamente». Ha mantenido varias relaciones y todas han acabado por lo mismo: por haber hecho caso omiso de los sentimientos de su pareja. También ha estado un par de veces comprometido para casarse; una novia rompió con él porque después de que su madre sufriera un grave accidente de coche, él se negó a acompañarla al hospital (la madre murió a los pocos días). La ruptura de otro noviazgo se debió a que después de un año de hacer todo lo posible para que él expresara sus sentimientos, la novia tiró la toalla.

Al igual que la muerte de un progenitor, el divorcio es otra experiencia con la que los niños aprenden a negar sus sentimientos. Pero dado que el divorcio ya está casi institucionalizado, ahora los sentimientos que lo acompañan naturalmente son más fáciles de negar.

Los padres tienden a considerar el fin de un matrimonio

una pérdida y un fracaso de ellos, y sólo prestan atención pasajera a los problemas emocionales que supone para sus hijos. Se presume que los niños tienen que ser capaces de arreglárselas con la impresionante serie de madrastras o padrastros y hermanastros y el paso de una casa y familia a otra, consecuencias inevitables del divorcio, sin tener que sentir nada al respecto.

Pero no se trata de que los niños no deban adaptarse a esas nuevas circunstancias; el problema es que solemos negar la profundidad o complejidad de los sentimientos que acompañan a ese acontecimiento emocionalmente terrible. No dejamos espacio a sus sentimientos, o no los tomamos en serio, y por lo tanto, los hijos de padres divorciados también suelen convertirse en flemáticos.

Por ejemplo, los padres de Holly se divorciaron cuando ella tenía seis años. Un día al llegar a casa de la escuela, su padre le dijo que se marchaba porque «tu madre ya no me quiere»; se fue a vivir al centro de la ciudad y, aunque la veía todos los fines de semana, jamás volvió a hablar del asunto. Su madre, mientras tanto, empujada por un sentimiento de culpabilidad, ya que era ella la que había iniciado el divorcio, trataba de concentrarse en lo positivo, ocupándose de apoyarla y ayudarla en sus estudios y en todas las actividades extraescolares.

Al poco tiempo, su padre conoció a otra mujer y se fue a vivir con ella; en el mundo de Holly ahora había una madrastra a tiempo parcial que no la quería demasiado, aunque tampoco se hablaba de eso. Al cabo de unos meses, su padre se trasladó a otra ciudad con su nueva compañera y, después de casarse en secreto, invitaron a Holly a pasar un verano con ellos.

Mientras ocurría todo esto, su madre se echó unos cuantos novios; todos le caían bien a Holly, pero desaparecían justo cuando ella creía estar conectando con ellos.

Después de unos años, su padre volvió a la ciudad, donde había aceptado un nuevo trabajo, trayendo consigo a su esposa y un hijo; la familia se instaló cerca de la casa donde vivía ella con su madre, y al instante su padre la invitó a que se integrara más en su familia. Holly lo hizo lo mejor que pudo hasta que al cabo de otros tantos años su padre se trasladó al Norte, porque su mujer deseaba estar a solas con «su propia familia». Una vez allí, prácticamente se olvidó de ella; nunca le escribía ni la llamaba, y al final incluso dejó de enviar el dinero para su manutención.

Holly, que es fundamentalmente una persona alegre, supo tomarse todas estas cosas bien, o al menos eso parecía. Flemática en sus emociones, ha tenido éxito en diversos aspectos de su vida, estudios, trabajo e incluso en las amistades, como si esa vida abigarrada, repetición de la fragmentación de su infancia, fuera la norma. Finalmente se casó, estableciendo un vínculo sin emociones: «A él le gustaban los perros y a mí también; los dos queríamos comprar una casa». Solamente cuando se acabó su matrimonio porque su marido aceptó un trabajo en Nueva Zelanda y ella no quiso ir allí, comenzó a tener los ataques de ansiedad que la iniciaron en su viaje de conectar con sus emociones.

No sólo las situaciones en que se niegan los sentimientos pueden provocar la represión de éstos en la edad adulta. A veces es todo lo contrario: padres excesivamente histéricos, o tan descontrolados en sus emociones que inducen a sus hijos a tomar la decisión inconsciente de no sentir. Es casi como si el niño ya hubiera tenido las experiencias emocionales de toda una vida y, desesperado, dijera: «No quiero sentir; nunca volveré a pasar por este camino. Ya he hecho frente a demasiadas emociones; no soporto ni una sola más, ni mía ni de nadie».

Los flemáticos suelen ser personas sumamente sensibles que mantienen encerrada su profunda sensibilidad porque no saben encontrar la llave para entrar en ella. O bien es eso, o bien es que dudan de poder sobrevivir si experimentan los sentimientos que podrían aflorar si conectan con ellos. En lugar de tratar sus experiencias emocionales una a una, paso a paso, como ocurre en el curso normal del desarrollo emocional, para el Flemático esos primeros acontecimientos aniquiladores están tan sumergidos que los sentimientos que podrían aflorar serían gigantescos.

Los flemáticos necesitan que se los trate con la compasión adecuada a las profundas heridas que han recibido, y que se los saque de la cueva de su aparente incapacidad de sentir. Por encima de todo, necesitan reconectar con su pena, la dolorosa pérdida o el continuado abandono que en otro tiempo les rompió el corazón. También necesitan llorar; las lágrimas que han reprimido los llevarán poco a poco al río de sus sentimientos.

La diferencia entre un Flemático y todos los demás

Como hemos visto con los emotivos, en nuestra vida emocional debe haber un equilibrio. El exceso en cualquier sentido trastorna la armonía. Hay veces en que la represión de las emociones no sólo es necesaria, sino también apropiada. La mayoría sabemos que hay momentos en que es mejor contener los sentimientos; por ejemplo, cuando uno está consolando a una persona, para que ésta pueda llorar y trabajar sus sentimientos es mejor contener el llanto. En realidad, cuando la otra persona está experimentando su aflicción o duelo, o ha tenido un día difícil y asumes el papel de escucha, lo más conveniente es que te guardes tus propios sentimientos aunque a ti tampoco te haya ido muy bien que digamos. La mayoría, exceptuando a los flemáticos, sabemos reprimir y expresar nuestros sentimientos y cuándo es correcto hacerlo o no.

Sin embargo, éstos los reprimen incluso cuando su salud o su bienestar depende de que los expresen.

Y este es el caso de Vern, un joven cuyo hermano gemelo, Clyde, se mató en un accidente de coche cuando volvía a casa desde la universidad para pasar las vacaciones de Navidad. Él debía haberle acompañado, pero como tenía un examen, decidió que cogería el avión unos días más tarde. De pequeños se lo habían pasado muy bien juntos, pero a partir de los años de enseñanza media, Vern vio cómo Clyde empezaba a tener dificultades con los estudios y problemas de drogas; sin saberlo, él se sentía culpable por los problemas de su hermano debido en gran parte a que eran gemelos. Aunque no quería reconocerlo, no lograba comprender por qué el camino de Clyde siempre había sido más difícil que el suyo. Rematadamente flemático, asistió al funeral sin derramar una lágrima, recibió un tanto aturdido las condolencias, y cuando alguien le preguntaba cómo se sentía, contestaba que en realidad «no le había afectado demasiado».

Pero evidentemente la pérdida era muy grande, una pérdida digna de ser sentida profundamente, y aun así él aseguraba que no lo sentía mucho. Como demuestra esta historia, la diferencia entre los flemáticos y todos los demás es que estos últimos saben cuándo es apropiado reprimir sus emociones y ellos no.

Hasta negarían que les duele que los identifiquen como negadores de emociones: «¿Por qué es tan terrible? No tengo ningún problema». Están tan desconectados del mundo de las emociones que para ellos éste ni siquiera existe como algo de lo que se hayan desconectado.

Lo que nos enseña el Flemático

Las personas de tipo flemático nos recuerdan que nuestros sentimientos no son lo único que importa. También nos ofrecen la perspectiva positiva de que normalmente las cosas acaban bien, aun cuando en un momento dado parezca que todo se vaya a desmoronar. Así pues, ante todas las cosas que van mal en este mundo, y que pueden trastornarnos, estos firmes optimistas, que lo son porque niegan sus emociones, tienen la capacidad de conectarnos con la bondad esencial de la vida. También nos enseñan la sencilla belleza de ayudarnos los unos a los otros, de compartir nuestras cargas y de hacer el trabajo sin aspavientos, nerviosismo ni protestas.

Lo que el Flemático necesita aprender acerca de las relaciones

Los flemáticos necesitan darse cuenta de que la riqueza de cualquier relación está precisamente en la comunicación mutua de sentimientos. Lo que da su verdadera riqueza a una relación es lo que sentimos los unos por los otros y la agradable y continuada expresión de nuestros sentimientos de afecto, compenetración, dicha, pena, alegría, pasión, interés y placer mutuo. Las parejas no son felices porque sean capaces de analizar lo que ocurre o porque llegan al punto fundamental de todas las variables y toman una decisión racional. La felicidad en la relación viene de disfrutar mutuamente con los pequeños placeres siempre cambiantes de decirse el uno al otro quiénes son y lo que sienten en cualquier momento del día.

Más que cualquier otra cosa, las relaciones son ese intercambio de emociones, porque cuando el intercambio de sentimientos es maravilloso, nos sentimos felices en la relación. Por el contrario, cuando dejamos de disfrutar de él, la relación ya no se «siente bien», y entonces es cuando nos dirigimos a la puerta.

Lo que puedes hacer para equilibrarte si eres un Flemático

Como el problema de los flemáticos es que no saben acceder a sus sentimientos, la mayoría de remedios para este tipo de personalidad son ejercicios para aumentar su capacidad de sentir.

1. Familiarízate con los cuatro vientos de sentimiento

El hecho fundamental respecto a los sentimientos es que todos tenemos cuatro emociones básicas: alegría, tristeza, miedo y rabia. Al margen de la fase de desarrollo en que te encuentres, de dónde procedas y de si tus padres negaban o expresaban sus sentimientos o de que tú los expreses o no, hay cuatro cuadrantes o, como los llamo yo, «cuatro vientos de sentimiento», que forman el repertorio emocional humano.

Lo primero que necesitan hacer los flemáticos es «comprender» que, al igual que les ocurre a los demás, lo sepan o no, lo experimenten o no, sobre ellos también soplan los cuatro vientos de sentimiento. Así pues, a continuación te propongo un ejercicio práctico para que comiences a conocer tus sentimientos. Al principio o al final de cada día hazte las siguientes preguntas:

¿Me siento triste por algo?
¿Me siento feliz por algo?
¿Siento rabia por algo?
¿Siento miedo de algo?

Esfuérzate por identificar alguna cosa de tu vida actual que encaje en cada uno de estos cuadrantes. Por ejemplo: «Tengo miedo de que me coja una insolación. Soy feliz porque estoy de vacaciones. Me da rabia que esta mañana a las cinco me haya despertado una llamada telefónica que no era para mí; la persona se ha equivocado de número. Estoy triste porque mi novio no ha podido asistir a esta fiesta conmigo».

A medida que hagas este ejercicio, irás descubriendo que eres una persona que siente. Por mínimos que te parezcan tus sentimientos, apuntan en la dirección donde residen los más intensos, provocados por acontecimientos realmente importantes de tu vida: pérdidas o alegrías que han sido puntos decisivos en tu historia personal, como por ejemplo, el día que te graduaste en la universidad, o cuando por fin dejaste de fumar, la noche en que conociste a tu mujer (o tu marido) en una fiesta, o ese momento terrorífico y espantoso en que te dijeron que tu madre se estaba muriendo.

2. Observa en qué parte de tu cuerpo sientes algo y asígnale una emoción

Por ejemplo, ¿tienes dolor de espalda? ¿Tortícolis? ¿Te duelen los pies? Localiza el dolor; apunta dónde lo sientes y luego imagínate que cada uno de esos dolores físicos representa una emoción. ¿Tu dolor de espalda te lo provoca el enfado contra tu jefe? ¿Ese dolor del cuello se debe a lo irritado que estás con tu secretaria? ¿Te duelen los pies porque crees que no podrás soportar otro día más detrás de la caja registradora, o porque quieres huir o estás flotando en el aire, desconectado de tus valores? Y ese dolor del pecho, ¿es la pena que sientes porque la cita del viernes pasado al final se canceló?

Cada vez sabemos más acerca de cómo todas nuestras emociones se asientan en nuestro cuerpo. No son sólo ideas que están en la mente y que nos pasan vagamente por la conciencia, ya que se expresan en nuestras células, tejidos y órganos. ¿Qué dolores, molestias, irritaciones ligeras o fuertes dolores físicos tienes en estos momentos? ¿Qué te dicen acerca de tus emociones, de cómo te sientes realmente con las cosas?

3. Recuerda acontecimientos tristes y felices de tu infancia

Si bien los cuatro cuadrantes de sentimientos están siempre en actividad, las cosas que nos alegraron o apenaron más son las estrellas polares de nuestras emociones. Por lo tanto, tómate un tiempo ahora mismo para identificar el recuerdo más doloroso de tu infancia. ¿Qué ocurrió? ¿Quiénes participaron en la situación? ¿Cómo te afectó entonces? ¿Cómo crees que te afecta ahora? (No, no digas que ahora no te afecta; intenta tomar conciencia de alguna conexión entre ese incidente o acontecimiento y tus sentimientos actuales.)

Lon, por ejemplo, me dijo: «Fue la muerte de mi perro Rusty; lo atropelló un coche delante de casa. Cuando llegué de la escuela vi un coche a un lado de la calle y a él en el suelo todo ensangrentado. Mi madre estaba dentro de la casa hablando por teléfono y por lo visto no le dio la importancia que tenía, porque siguió a lo suyo. A los pocos minutos llegó mi padre; cuando ella le contó lo ocurrido, él salió a la calle conmigo, recogió el cuerpo de Rusty, lo metió en una bolsa de arpillera y ahí se acabó todo. Ni siquiera me preguntó cómo me sentía. Estaban ocupados planeando un viaje y mi padre se limitó a decir: "Bueno, ya era bastante viejo". Y como mi padre decidió que no valía la pena llorar por la muerte de Rusty, supongo que yo decidí hacer lo mismo. Pensé que él sabía más que yo, así que seguí sus pasos y me convertí en un negador de emociones; en un hombre».

Y ahora todo lo contrario, ¿qué momento feliz recuerdas de tu infancia? Susie dice que su recuerdo más feliz es el del día que ganó una cámara fotográfica en la fiesta de carnaval de la escuela; su familia era pobre y ella siempre se había sentido muy desafortunada; era dolorosamente evidente que todos los demás chicos de su clase tenían más dinero y más cosas que ella; siempre llevaban ropa bonita y recibían unos regalos fabulosos en sus fiestas de cumpleaños.

«Ya estaba comenzando a pensar que simplemente era una persona con mala suerte, algo así como sentenciada –me dijo–. Y entonces, cuando estaba en el tercer curso, gané esa cámara automática en el carnaval de la escuela. No es que me interesaran mucho las cámaras, pero el solo hecho de ganarla me hizo muy feliz. Me sentí como si hubiera cambiado el curso de mi vida. Al día siguiente fui a comprar unos carretes de película, que me costaron todo el dinero que había ahorrado cuidando bebés, pero me dio igual, y cuando hice mis primeras fotos y vi cómo salían, me sentí conectada con el mundo como nunca. Esa cámara cambió mi vida; me dio una nueva forma de relacionarme con las personas y las cosas; me hizo sentir afortunada, que podía tener amigas, y me dio mi primer sentimiento de seguridad. Ahora soy reportera gráfica gracias a la confianza en mí misma que adquirí con esa experiencia.»

4. **Pregúntate: ¿Qué haría la lógica? ¿Qué haría el sentimiento?**

Ponte una tarea de comparación emocional. Escoge una situación de tu vida en la que debes tomar una decisión, y pregúntate: ¿Qué haría la lógica en este caso? ¿Qué haría el sentimiento? Puede ser cualquier tipo de decisión, por insignificante que te parezca (en realidad, lo mejor sería que comenzaras por una pequeña).

Por ejemplo, Victor y Linda salieron a comprar almohadas para su nueva cama; estuvieron mirando muchas en unas rebajas de ropa blanca. A Linda le gustaron las de plumón, porque eran suaves y mullidas; pensó que por la noche le acariciarían más la cabeza. Pero cuando Victor miró los precios vio que las que combinaban plumas y plumón estaban mejor de precio que las que sólo contenían plumón.

«Pues, ya está. Compra estas de pluma y plumón –le dijo–. Están rebajadas un cuarenta por ciento, mientras que las otras sólo tienen un veinte.»

Linda estuvo a punto de sucumbir a este análisis sin emoción del tema almohadas, pero entonces le sugirió que apoyara la cabeza en ellas para ver cómo las sentía. Tan pronto como lo hizo, Victor vio que la sensación era maravillosa, y aunque le costó un esfuerzo pasar por alto el descuento de las otras, al final Linda lo convenció.

¿Qué decisiones tienes que tomar en tu vida en estos momentos? Si se trata de comprar una casa, por ejemplo, ¿te decidirás por la que es una ganga o por la que tiene todo lo que a ti te gusta: una calle tranquila, un hermoso jardín, y todas esas cosas que te harán sentir a gusto en ella? ¿La comprarás porque está bien situada en la ciudad o porque sabes que cuando te despiertes allí por la mañana te sentirás feliz? Observa qué difícil es «guiarse por los sentimientos», y como seguramente te estás dejando orientar por la lógica, haz una lista de las recompensas concretas que recibirías si esta vez siguieras tus sentimientos en lugar de tus razonamientos.

5. Para aprender, pregúntales a los demás acerca de sus sentimientos

Otro buen ejercicio es preguntarles a otras personas lo que sienten. Por ejemplo, si quieres comprarte una casa, pregunta: «¿Cómo te sientes en tu casa? ¿Por qué la elegiste?». Observa si el tipo de respuestas que te dan están conectadas con sus sentimientos; pueden enseñarte muchas cosas.

Esto es precisamente lo que hizo Molly. Quería comprarse una casa, y antes de hacerlo les preguntó a todas sus amigas por qué lo habían hecho ellas. «Me gusta cómo entra la luz por las ventanas por la mañana», le dijo una. «Los vecinos tienen una piscina, y sólo mirarla me llena de serenidad», le contestó otra. Y la tercera le confesó: «Sé que este es el tipo de casa a la que a mis nietos les va a encantar venir a jugar».

Sea cual sea el asunto que estés tratando de resolver, colecciona un buen número de respuestas de diversas personas para empezar a ver cómo tus sentimientos podrían guiarte en la decisión.

6. Haz algo emocionalmente osado

Ser Flemático significa vivir con los sentimientos prisioneros tras unas rejas que fueron puestas allí hace muchos años y con muchísimo esmero. Ahora bien, si las haces desaparecer, se te permitirá experimentar tu ser emocional. No esperes a que te lo enseñe una tragedia emocional personal. Comienza a arriesgarte ahora. Haz algo en lo que puedas tener la experiencia de descontrolarte, es decir, de «no hacer como lo has hecho siempre», y descubre los sentimientos que afloran alrededor de ese comportamiento distinto.

Explora tu vida emocional y deja que lo que sientes respecto a las cosas forme parte de la experiencia que compartes con la persona que amas, aunque te parezca tonto o te inspire miedo. Ve con los demás a practicar algún deporte de alto riesgo; escala una montaña junto a un lago; contesta un anuncio personal, por extraño que te resulte o pese a haber jurado no hacerlo jamás, o apúntate a clases de defensa personal si eres mujer, o de ballet si eres hombre. En definitiva, rompe tu molde.

Esto es importante porque cuando se hace algo diferente se transgreden pautas de conducta que están muy arraigadas; en realidad estos hábitos forman rutas en el cerebro por donde las neuronas aprenden a activarse de cierta manera y poco a poco se vuelven incapaces de activarse de otro modo. En otras palabras, lo que esto significa es que todos nos metemos en hábitos de pensamiento y comportamiento de los que es muy difícil salir. Will Rogers decía: «Elige muy bien tus hábitos; los llevarás contigo mucho, muchísimo tiempo».

Fundamentalmente, cambiar el comportamiento y hacer algo inesperado, algo atípico, te abrirá puertas, caminos y fisuras por las cuales tus emociones podrán sorprenderte con la guardia baja, y eso te permitirá comenzar el viaje para descubrir los placeres y los retos de tu vida emocional.

Meditación para el Flemático

En el fondo soy una persona que tiene aflicciones. Estas penas me han configurado y son preciosas. Deseo sentirlas ahora y dejarlas que me lleven a mis alegrías, al amor y a la paz que viene de vivir de mis sentimientos y de mi lógica al mismo tiempo.

Afirmaciones equilibradoras

Sí, tengo sentimientos. Y son reales.
Soy capaz de sentir sin perder el control ni el acceso a mi mente lógica.
Amar es sentir. Deseo amar y deseo sentir.

4
El Escéptico

«¿Amor? ¿Dónde he dejado el bazuca?»

Los escépticos son personas que casi nunca tienen una relación, y si la tienen, dura poco. Muchos aseguran terminantemente que no creen en el amor; otros al parecer no encuentran nunca a la persona adecuada o han renunciado a toda esperanza de encontrar una buena relación. Y cuando entablan una, siempre hay algo que va mal, por lo tanto, acaban quedándose solos. Con frecuencia su trabajo es un enorme impedimento para entablar una relación estable y duradera: son viajantes o marineros; trabajan en un pozo petrolífero, o han aceptado un empleo como diseñadores, que los obliga a vivir en Asia la mitad del año.

Los escépticos suelen ser muy divertidos, y tienen un sentido del humor negro o mordaz. Es posible que siempre miren el lado triste de las cosas, pero lo hacen de una manera que resulta muy divertida para las personas de su entorno. La ironía y el pesimismo son sus herramientas de oficio; la pegatina «La vida es una mierda, y después te mueres» resume bastante bien su visión del mundo. Muchas veces el blanco de su humor son ellos mismos. El hermano escéptico de un amigo mío, siempre que lo llama le dice: «Soy el cabronazo de tu hermano», y una mujer escéptica que conozco se define con estas palabras: «¿Quién podría querer salir conmigo? Me parezco a la pitonisa de Endor».

Los escépticos muestran la fachada de negatividad respecto a las relaciones, pero en el fondo les gustaría enamorarse y que el milagro que pensaban que no ocurriría nunca les hiciera trizas el escepticismo.

Rodney es un Escéptico clásico. Inteligente, encantador y gracioso, se casó tan pronto salió de la universidad con una mujer a la que no amaba, porque estaba absolutamente seguro de que el amor no existía, pero deseaba tener hijos y ella también. No obstante, transcurridos algunos años, y con dos hijos, ocurrió lo imposible: se enamoró de Jane, una joven llena de vida e inteligente a la que conoció en el trabajo. Dominado por sentimientos que había creído que no experimentaría jamás, dejó a su mujer para irse a vivir con la otra. Al principio fue muy feliz disfrutando de los sentimientos de amor que no había experimentado antes, pero, con el paso del tiempo, el amor se enfrió y se impuso la realidad cotidiana. Además, Jane deseaba una verdadera relación y muy pronto comenzó a «hostigarlo» para que pasara más tiempo con ella y mantuvieran una conexión más profunda. Cansado de esas «peleas», como las llamaba él, decidió que siempre había tenido razón. Dejó a Jane, argumentando que «no existe eso que se llama amor», y ahora se contenta con aventuras cortas.

Signos reveladores del Escéptico

- Es inteligente y gracioso, y suele burlarse de sí mismo.
- Suele mirarse con desaprobación, y desconfía del mundo.
- No cree que exista el amor.
- Se ha forjado una vida independiente que le satisface.
- No le agrada el cambio, prefiere dejar las cosas como están.
- Lo pasa mal con personas que expresan sus emociones.

Una mirada con más detenimiento: Características distintivas del Escéptico

1. Tiene una visión negativa del mundo

Se conoce a un Escéptico porque siempre dice lo mal que están o estaban las cosas; tampoco cree que vayan a mejorar. Ahora bien, como ya he dicho, es posible que comente tanto desastre en un tono festivo, esto es una constante en él, es así como ve realmente la vida.

2. Es increíblemente ambivalente respecto a las relaciones

El razonamiento personal de los escépticos respecto a las relaciones es que aunque les gustaría mantener una, al mismo tiempo siempre se expresan de una manera que parece contradecir esto. Por ejemplo: «ya no quedan hombres buenos», «no existe eso que se llama amor», o «jamás resulta de todos modos, así que para qué molestarse». Sin embargo, hacen muchas de las cosas que hacen los demás cuando buscan amor: asisten a clases de yoga, se apuntan a excursiones, de vez en cuando prueban con el servicio de contactos de Internet. Esto se debe a que, aunque afirman no creer en el amor, una pequeñísima parte de ellos sí lo cree, o esperan contra toda esperanza estar de algún modo equivocados. Y para proteger su escepticismo organizan su vida de tal forma que es prácticamente imposible que alguna vez se demuestre que están equivocados.

Jill es un ejemplo de esta ambivalencia escéptica. Durante veinte años ha mantenido dos relaciones simultáneas, las dos con hombres casados. A cada uno lo ve un mes sí y un mes no. El hecho de que los dos estén casados le asegura que no se pasarán mucho tiempo con ella ni intimarán demasiado. Sin embargo, a sus amigos les dice que busca una relación más comprometida, que en realidad lo que desea es un marido, aunque, de hecho, la que mantiene con esos hombres le impide estar disponible para cualquier otro. Así pues, a pesar de que de vez en cuando sale con alguien que le presentan esos amigos o amigas, lo cierto es que su vida está demasiado ocupada para tener una relación seria.

Como demuestra esta historia, los escépticos experimentan una ambivalencia de alto voltaje; no se trata sólo de la duda habitual: ¿deseo una relación ahora o más tarde? o ¿la quiero con esta o con aquella persona?; su ambivalencia nace de los puntos más extremos del espectro: deseo tener una relación pero no la creo posible, es decir, sólo la tendré si me das con un palo en la cabeza, me llevas a rastras y haces que ocurra.

Esta ambivalencia es penosa para ellos y para todos los demás. Y aunque están casi al cien por ciento en la modalidad de renuncia, en un rincón de su interior aún mantienen la esperanza de que algún día alguien, de alguna manera, les demostrará que están totalmente equivocados.

3. En la medida en que cree en el amor, lo niega más que su escepticismo

Aunque en la realidad las posibilidades de que ocurra algo bueno son iguales a las de que ocurra algo malo o francamente terrible, en cuestiones de amor, el Escéptico asegura sus apuestas por el lado de la decepción y la insatisfacción: «De todos modos nunca resultará, entonces, ¿para qué aceptar esta cita a ciegas?»; «Pues claro que se divorciaron, ¿de qué otro modo acaba una historia de amor?».

En el fondo, ha perdido la disposición a correr un riesgo emocional; no se arriesga a aceptar la posibilidad de que podría enamorarse, de que podría ser maravilloso, de que podría aprender a disfrutarlo. Y en consecuencia, si llega a entablar una relación, siempre lo hace con alguna reserva, no cede a la vulnerabilidad emocional en que consiste realmente el amor.

La verdad es que el amor no puede dar todas sus maravillas y placeres a la persona que no deja de golpear con los nudillos la mesa, exigiendo: «Demuéstramelo»; el amor sólo les llega a las personas que se zambullen en él.

4. Cuando tiene una relación, la sabotea

A veces, debido a esa diminuta parte que de verdad desea enamorarse, el Escéptico tropieza con una relación e incluso se zambulle en ella. En realidad esto fue lo que hizo un conocido mío que siempre me decía: «¿Amor? ¿Dónde he dejado el bazuca?». Sin embargo, después de años de escepticismo, se ablandó un poco: «Llevo demasiado tiempo solo; estoy demasiado instalado en mis hábitos, creo que le daré una oportunidad al amor». Así que dio el salto y entabló una relación. Pero aunque reconoció que era un salto, y hasta le suplicó con toda franqueza a la mujer que se enamoró de él que lo ayudara a abrir su corazón, le dio miedo hacerlo, ya que tendría que enfrentar todas esas cosas que habían hecho de él un escéptico, y cuando comprendió que el amor significaría trabajo, comenzó a recular como un loco. Al cabo de dos meses, decidió que sencillamente tenía que aceptar ese empleo que le ofrecían a tres mil kilómetros de distancia.

Una manera de obrar típica del Escéptico: intentarlo y luego abandonar. Incluso cuando ya se ha rendido a una relación, busca formas de escapar, ya sea marchándose literalmente de la ciudad, o interponiendo tantas barreras a la intimidad que la otra persona se acaba sintiendo como si la hubiera dejado abandonada al otro lado de un muro demasiado alto para saltarlo.

5. Su repertorio emocional es limitado y le incomodan las manifestaciones de emoción

Como el ama de casa que no limpia las ventanas, los escépticos no «limpian» sus sentimientos. El mundo de las emociones está fuera de sus límites porque, debido al trauma de la infancia que han metido en la bolsa del aspirador de su inconsciente (que jamás revisan), la mayoría de sus sentimientos están encerrados.

Y aunque de vez en cuando son capaces de dejar salir un poco de rabia, por lo general restan importancia a sus sentimientos con una broma. No conectan con sus emociones de tristeza, aflicción o miedo, y tampoco con su alegría. Las consideran demasiado precarias, y establecer contacto con ellas podría llevarles a recordar lo que ocurrió en otro tiempo, aquello que los volvió escépticos. Por lo tanto, en lugar de aventurarse en la selva interior de sus emociones, prefieren hacer otro chiste gracioso e ir tirando.

El Escéptico es como una forma extrema del Flemático; no le basta con tener sus emociones reducidas a un susurro, tampoco quiere que los demás las tengan: si la otra persona expresa una emoción, tendría que reconocer que el mundo de las emociones existe, al menos para algunos. Por eso intenta disiparlas, haciendo reír al otro, con dosis de escepticismo, restándole importancia a lo que ocurre, distrayendo la atención o, si nada de eso da resultado, recurriendo al abandono.

6. Se crea un mundo en el que nadie puede entrar, y se retira a él cuando la otra persona trata de intimar

Al igual que esos hombres que se pasan horas en el garaje con sus herramientas y botes de pintura, el Escéptico es fundamentalmente un solitario. El pequeño mundo secreto que se ha creado, ya sea un apartamento de tres habitaciones, una parcela de 6.000 hectáreas o un lugar paradisiaco en medio de la naturaleza, es suyo, y no desea que nadie lo acompañe allí. Esto se debe a que estos escondites y refugios urbanos son capullos protectores para su espíritu roto, el único lugar de la Tierra donde se puede sentir realmente a salvo. Si alguien invade su refugio, le parece que ya no tiene ningún lugar seguro. Y aunque la otra persona lo único que desea es introducir amor en su dolorosa soledad, él (o ella) no puede aceptarlo. Para los escépticos, amor equivale a sufrimiento y, por lo tanto, siempre tratan de retirarse a sus lugares secretos porque, a diferencia de los seres humanos, los lugares no pueden hacerles daño.

7. Algunos consiguen superar su miedo al amor, y se asombran y rebosan de dicha cuando descubren lo que el amor les ofrece

Dado que su actitud es de las más extremas en negatividad y dudas respecto al amor, los pocos entre ellos que realmente lo encuentran suelen sentirse asombrados e inmensamente agradecidos, porque ha ocurrido lo que les parecía imposible.

No son muchos los escépticos que encuentran el verdadero amor. Por amor verdadero entiendo una relación en la que los dos participan y crecen conscientemente; en este sentido, la mayoría de los escépticos, si establecen una relación, se limitan a estar ahí, mientras su pareja intenta despertarlos, conmoverlos o cambiarlos. Ahora bien, cuando un escéptico encuentra el amor y decide hacer el trabajo de amar, siente una dicha inmensa.

Este amor suele llegarles como resultado de una crisis que los sacude de tal forma que recuperan la sensatez, de una terapia intensiva para tratar su herida original, o de encontrar una pareja que ama y aprecia otras cualidades suyas aparte de su característico escepticismo. Y esto hace que valga la pena arriesgarse a superar el terror de amar, incluso para un Escéptico.

Por qué amamos a los escépticos

Lo creas o no, los escépticos son amenos; cautivan a todo el mundo con sus salidas ingeniosas, sus burlas de sí mismos y su modo de expresar su visión del mundo. Y como los demás no ven que el mundo esté tan mal como lo pintan ellos, cuesta creer que de verdad lo vean así. Por lo tanto, en lugar de desconcertarnos con su negatividad humorista, nos agrada seguirles la corriente. Así, cuando dicen, riendo a carcajadas: «Come, bebe y pásatelo bien, porque mañana nos moriremos», nos reímos con ellos, ya que no nos imaginamos que en esa parte oscura de su corazón realmente tengan esa opinión tan despectiva de la vida.

Sus comentarios mordaces sobre la política, la contaminación, la economía o su futuro, siempre contienen algo más que un grano de verdad, por lo tanto no podemos por menos que divertirnos con ellos. Y su manera de expresar la verdad desnuda, ya que siempre llaman al pan pan y al vino vino, hace que su humor negro sea realmente refrescante.

Las personas de otros tipos, en particular las fantasiosas y las complacientes, también se sienten atraídas por ellos porque representan un desafío. Desean enseñarles la experiencia tan maravillosa que puede representar el amor. Siempre optimistas, se imaginan que su actitud alegre y sus incansables esfuerzos serán capaces de convertir al más empedernido de los escépticos.

Cómo nos irritan

La persistencia de esa negatividad cuando descubrimos con cuanta intensidad los domina, al final resulta agotadora. Es divertido escuchar unos cuantos chistes mordaces sobre cómo nunca nada está, ha estado ni estará bien, pero una dieta constante a base de esta letanía es capaz de erosionar incluso la actitud más feliz; sencillamente la vida no es tan horrible.

Sin embargo, el efecto verdaderamente grave es que son un tormento en la relación. Se presentan como si estuvieran disponibles, aunque muy pronto queda claro que depende del otro echar abajo los muros de defensa. Entonces el romance se convierte en una batalla en la que la otra persona trata de demostrar que vale la pena amar, mientras el Escéptico saca el bazuca para demostrarle que está equivocada.

El Escéptico se siente incómodo cuando su posible pareja o pretendiente se le acerca demasiado, y por eso levanta una barrera para impedir que le agujeree su visión del mundo. Entonces decide que esa pareja no es la adecuada, le dice que no le gustará descubrir quién es realmente, o simplemente desaparece y no vuelve a llamar nunca más.

Para protegerse, el Escéptico se convierte en un Houdini emocional y físico; suele hacer un fabuloso número de desaparición: te invita a salir y no se presenta a la cita; te corteja durante un mes y luego desconecta el teléfono; pasa un fin de semana contigo y después se marcha dos semanas sin decir a nadie adónde ha ido, o se casa contigo y después, en lugar de conversar, se pasa todo el tiempo pegado a su radio de onda corta.

Estas personas irritan porque te empujan para que entres y luego te empujan para que te vayas. Evidentemente, en algún lugar tienen sentimientos profundos (si no, ¿de dónde les viene ese escepticismo?), pero niegan sistemáticamente los del otro y se resisten a que se les acerque. Para la persona a la que de alguna manera ha atraído a su vida y que espera, comprensible aunque erróneamente, tener una relación con él, es una conmoción encontrarse de repente sola.

¿Qué pasa en realidad?

Lo sepan o no, *los escépticos han sufrido una terrible traición en el amor; esa es su herida emocional.* Y esa es la causa de que les cueste tanto confiar en alguien o en algo; su problema emocional es la desconfianza. Puesto que la traición fue enorme y no se han enfrentado a ella, pese a que podría haber habido oportunidades de sanarla, el mundo se ha convertido para ellos en un lugar en el que el amor equivale a sufrimiento.

Larry, por ejemplo, tenía tres años cuando su madre enfermó gravemente e inició el largo y arduo proceso de morir de cáncer de mama. Día tras día se sentaba a los pies de su cama y le preguntaba a su padre cuándo se levantaría para jugar con él; el padre le repetía que no lo sabía, pero que tal vez cualquier día se sentiría mejor y lo acompañaría a pasear por el parque.

Entonces llegó el día en que el niño llegó a casa de la escuela y su madre no estaba, ni siquiera en la cama. Cuando le preguntó a su padre, éste se limitó a decirle: «Bueno, creo que ha salido a pasear por el parque sola; tendremos que esperar para ver si regresa».

Pasados varios años, cuando su padre creyó que tenía edad suficiente para comprender el concepto de muerte, le dijo que su madre había muerto.

Larry había querido muchísimo a su madre y durante esos primeros años apenas se separaba de ella; se sintió traicionado por su muerte, pero mucho más por el hecho de que ella nunca le dijera que se estaba muriendo. Que se hubiera marchado era una cosa, y otra muy diferente que se lo hubiera callado; le había mentido. También se sintió traicionado por su padre, que no le dijo la verdad cuando ella murió. La suya era una herida doble: pérdida y traición. Después de eso ya no pudo confiar en nadie y el mundo nunca le pareció lo que a los demás. Su confianza en la vida quedó destruida.

En otros casos, la pérdida de la confianza se debe al abandono. Tom, por ejemplo, otro escéptico, tenía un hermano gemelo que se suicidó cuando estaban cursando la enseñanza media. No obstante, en vez de hacer duelo por él, Tom adoptó una actitud de sardónica indiferencia para ocultar su terrible sufrimiento por la traición de su hermano al abandonarlo. Con el tiempo, esa actitud adquirió un matiz de humor negro con el que finalmente tuvo mucho éxito en la profesión de cómico. Ahora bien, en su vida emocional no ha tenido tanto, y actualmente sólo usa los servicios de prostitutas para no tener que involucrarse emocionalmente con ninguna mujer.

Peter tenía cinco años, su hermano mayor siete, y su hermanita dos, cuando, de repente, debido a un grave apuro económico provocado por la afición de su padre al juego, sus padres se divorciaron y su madre se quedó en muy mala situación financiera. Ella quería mantener la familia unida, pero al no poder hacerlo lo entregó en adopción a una pareja que conocía de la iglesia, que no podían tener hijos y le habían tomado mucho cariño al niño.

Esta traición, a esa edad, fue atroz para Peter, ya que de entre sus hermanos fue él el elegido para esa experiencia: lo enviaron a vivir con unos desconocidos, mientras sus hermanos continuaban en casa, aparentemente dentro de una familia intacta. Y aunque su madre y sus hermanos siguieron sumidos en la más terrible de las pobrezas mientras él vivía con todo el lujo y las comodidades que le pudieron ofrecer sus padres adoptivos, siguió sintiéndose rechazado y traicionado. Y ese sentimiento de traición empeoró al año siguiente, porque su madre, violenta por la diferencia de circunstancias en que se veían obligados a vivir sus otros dos hijos, se retiró totalmente de su vida, sin anunciárselo, y nunca más volvió a ver a sus hermanos.

Ahora, ya adulto, Peter nunca ha dejado de recelar de las relaciones, siempre espera que le traicionen, y aunque ha estado casado dos veces, sus dos esposas lo traicionaron sexualmente, traiciones que, en ambos casos, él precipitó.

Otras veces la pérdida de confianza se produce cuando la atención y los cuidados que cada persona tiene derecho a esperar de sus padres se le retiran o niegan de alguna manera. Los niños desarrollan inconscientemente la idea de que no se puede confiar en la vida cuando se les niega la protección o el sustento.

Cuando Carol era muy pequeña, la menor de seis hermanos, su madre, agotada y ocupadísima en cuidar a sus otros hijos, la dejaba horas sola y sin alimentarla. Al principio gemía, después se echaba a llorar, pero al ver que pasaban las horas y no recibía el alimento, dejaba de llorar y se quedaba en silencio. Cuando por fin iba a verla ya estaba muerta de hambre. En su inconsciente, Carol interiorizó esa traición y renunció a recibir el sustento que necesitaba.

Ahora, de mayor, ha descubierto que, en sus relaciones, de algún modo siempre está «hambrienta». O bien la persona que ama no le dedica todo el tiempo que ella desea, o tiene que esperar tanto para obtener la atención que anhela, que cuando por fin la obtiene ya ha renunciado y no es capaz de aceptar lo que se le da. Vive reviviendo esa historia de su infancia, cuando aún no sabía hablar, y no sabe expresar las necesidades que secretamente espera que satisfaga su pareja. Para encubrir ese profundo sentimiento de traición, se ha convencido de que está mejor sola, porque así ella misma se abastece y no tiene que depender de nadie. Y como siempre en el pasado, continúa hambrienta.

Este intenso sentimiento de traición y pérdida de confianza no es nunca tan profundo como cuando un progenitor o una persona de la familia maltrata verbalmente o abusa sexualmente de la niña o el niño. Suponemos que nuestros padres o las personas que hacen de padres tienen la misión de sustentarnos y proteger nuestro proceso de desarrollo. Cuando un tío o un progenitor se sale de ese papel y se convierte en agresor sexual, cuando la madre se levanta reprendiendo a gritos a sus hijos, diciéndoles que no valen nada, se sienten desesperados y maltratados.

Las personas que han sufrido estas terribles violaciones en la infancia, en la edad adulta tienen dificultades para confiar. En realidad la confianza nunca es fácil para ellas; siempre se convierte en un viaje lento y doloroso.

Estas rupturas de la confianza cambian totalmente la visión del mundo del niño, que en lugar de ver que la vida y el Universo contienen toda una gama de posibilidades que incluyen lo bueno y lo malo, sólo ven lo malo. El mundo bueno ha desaparecido; es como si se corriera una cortina sobre lo bueno y sólo quedara lo malo. Y estas traiciones abren una herida tan profunda porque, aparte de producirse a una edad muy temprana, luego se encubren con mentiras o silencio.

Después de haber sido traicionado, el niño se queda solo y aislado en el mundo de angustia al que lo han enviado sus «amorosos» padres. Y la herida es tan atroz y enorme porque justamente se ha producido en el lugar donde debería haber el mayor amor; no la ha cometido un compañero de escuela, ni un maestro ni un desconocido, sino precisamente la persona con quien el niño creía que podía contar pasara lo que pasara.

Cuando los niños experimentan una traición de esta envergadura, se sienten como si fueran unos tontos por haber confiado en esa persona. Por eso se construyen un mundo y una visión de él que les dice que aquí no hay nada bueno, que no se puede contar con nadie. Es como si saber esto los pudiera proteger de entrar de nuevo en ese lugar de vulnerabilidad tan terrible. Si lo tengo siempre presente, estaré más seguro que si bajo la guardia, se dice el Escéptico, inconscientemente. Por eso no puede confiar, y por eso el amor, si alguna vez lo encuentra, es realmente un milagro.

Lo que nos enseña el Escéptico

Los escépticos harían muy bien el trabajo de despertarnos a nuestro escepticismo, al fin y al cabo son una autoridad en el tema. Es bueno tomarse algunas cosas con cierto grado de reserva, mirar bajo la superficie y no ser unos optimistas rematados. En la vida sí hay desastres, traiciones y finales desgraciados, y es importante que el resto de nosotros, sobre todo los complacientes y los fantasiosos, metamos estos conceptos en nuestra manera de pensar.

También nos enseñan que a veces no vale la pena correr un riesgo. Algunas personas realmente no desean ser amadas, o no desean iniciar el trabajo emocional que tendrían que hacer para dejarse amar. La discreción es la mejor parte del valor. Los escépticos nos recuerdan que hemos de respetar nuestros límites, que hemos de tener presente que la mayoría de las veces las personas son quienes dicen ser y que ni toda la buena voluntad del mundo ni los esfuerzos más denodados las van a convencer de otra cosa. En lugar de intentar convencerlas de que cambien, quizá necesitemos aprender a tener la compasión de respetarlas tal y como son.

Lo que el Escéptico necesita aprender acerca de las relaciones

Las personas a las que les cuesta confiar tienen relaciones precisamente para aprender a confiar. Los escépticos necesitan comprender que es mediante el desarrollo progresivo de la confianza dentro de la relación como se produce esta curación. No estás vivo, ni mantienes una relación, simplemente para vivir detrás del muro de la desconfianza. Si lo haces, continuarás expulsando de tu vida a todo el mundo y siempre acabarás solo. Y en el caso de que estés manteniendo una relación, siempre crearás distancia entre tú y la persona amada porque, según tu mente, nunca será digna de confianza.

Lo que puedes hacer para equilibrarte si eres un Escéptico

1. Identifica tu problema de traición y enfréntalo

Los escépticos se han adaptado a las traiciones de la primera infancia con comportamientos compensatorios que les dan la sensación de que controlan su mundo. Muchas veces los niños entierran tan hondo estos problemas que después continúan sin tener conciencia de ellos. Por lo tanto, si quieres sanar, con la consabida recompensa de que tendrás una relación mejor, saca a la conciencia ese problema, enfréntalo y luego da los pasos necesarios para resolverlo.

En la mayoría de los casos, esto se tiene que hacer bajo asesoramiento o terapia. Pasar por las fases de identificar la traición, haya sido un incidente aislado o una experiencia continuada, sentir la rabia, la pena y la compasión por uno mismo y pasar al perdón, que permite dejar atrás parte del escepticismo y comenzar a confiar poco a poco, es necesario para sanar.

2. Si mantienes una relación, sé consciente de ello

Si en estos momentos mantienes una relación, seguro que estarás intentando demostrar que no funciona, o que, como todas las demás, acabará mal. Por lo tanto, comienza a observar tus reacciones emocionales y cada vez que haya la más mínima traición identifícala, expresa tu rabia y pide lo que necesites para resolverla.

Por ejemplo, supongamos que tu marido ha estado coqueteando con una mujer muy atractiva en una fiesta; lo encuentras imperdonable, necesitas que se disculpe, que te pida perdón, que te prometa que te va a respetar más la próxima vez que salgáis juntos. Una vez hecho esto, podrás continuar la relación porque habrás dado un paso emocional. La resolución vendrá cuando él sea capaz de pedir tu perdón y tú de dárselo. De este modo, en lugar de quedarte atascada en la traición y la desconfianza, podrás continuar avanzando.

Pero si la traición es demasiado grande, la resolución podría hacer necesaria la decisión consciente de poner fin a la relación. Por ejemplo, si tu marido ha tenido una serie de aventuras que, pese a sus disculpas, para ti son imperdonables debido a la magnitud de la brecha creada en tu confianza, la reconstrucción de una visión confiada de la vida podría hacer necesario un cambio.

3. Da una oportunidad al amor

Para superar tu incapacidad de confiar, que te lleva a un aislamiento y una soledad cada vez mayores, has de ensanchar tus límites aceptando que una relación es justamente la experiencia sanadora para la traición que experimentaste en tu infancia. Aprender a confiar es un proceso para todos, aun en el caso de que no haya habido una traición importante. Pero cuando la ha habido, son muchos los pasos que se pueden dar para aprender a confiar de nuevo, o quizá por primera vez. Quienes dudan del amor necesitan abrir su corazón e intentar confiar un poquitín más.

Podrás hacer esto cuando tomes nota del hecho de que junto con las experiencias de violación y traición, también has tenido otras muchas de amor. Cuanto más te permites reconocer el amor que te han dado, mejor aceptas el de todas las personas (amigos, hijos, abuelas, abuelos, desconocidos y personas que te valoran) que han sido enviadas para compartir tu vida, y poco a poco se va desvaneciendo tu dificultad para confiar.

Para comprobar cuánto te aman en realidad, escribe las cosas que te hacen sentirte amado cada día. Hay muchísimas experiencias de la bondad de la vida y de bienestar que son simples regalos del Universo: un día soleado, tener un hogar al cual llegar, la sonrisa de una persona desconocida, alguien que acude a ayudarte cuando te enfrentas a algún problema. Cuando comiences a escribir, quizá descubras que muchas de las experiencias en las que te sientes «amado» no son muy íntimas ni personales; pero aun así no las descartes. Es un comienzo, ya que por el mero hecho de haberte fijado en ellas habrás comenzado a minar tu escepticismo. Verás que la vida no es toda negra, que hay esperanza, y que es digna de confianza. Cuanta más atención prestes a tus experiencias de amor (y las grabes en tu mente escribiéndolas), más amado te sentirás.

4. Haz algo por los demás

Una de las cosas que mantiene en su escepticismo a los escépticos es que casi siempre están solos con él. Pero la manera de salir de la amargura es, literalmente, salir de ella. Cuando nos damos a los demás, nuestras penas, por terribles que sean, pasan a un segundo plano.

Una conocida mía me contó que, como su padre y dos tíos que vivían en otra casa de la granja la importunaban con proposiciones deshonestas, había vivido sin fiarse de nadie y enfurecida con Dios hasta el día en que una adolescente, a la que también habían acosado muchas veces, le dijo que la encontraba tan buena y amable que confiaba en ella, ya que estaba segura de que ella sabría escuchar su historia.

Conmovida por la historia de esa chica y por su inocente confianza, esta mujer comprendió que había otras personas que también sufrían, así que orientó su sufrimiento hacia el servicio a los demás, y ahora dirige un hogar para chicas de las que han abusado sexualmente.

Sea cual sea tu herida, puedes transformarla.

Meditación para el Escéptico

Quiero derribar mis muros de defensa. Me hirieron profundamente y siento una enorme compasión por mí, pero estoy dispuesto a renunciar a mi escepticismo y estar receptivo a la bondad del mundo. Quiero incluso trabajar para recibir esa bondad y el bien. Estoy dispuesto a aventurarme en el amor.

Afirmaciones equilibradoras

Hoy es un nuevo día.
Nada es tan terrible que no se pueda superar, nada.
Cuando ofrezco mi herida como regalo de curación, se transforma y yo me transformo.
El amor es lo único capaz de salvarme.
Deseo elegir el amor.

5
El Adicto al trabajo

«No sé si estaré libre. Tengo que consultar mi agenda.»

Los adictos al trabajo son los organizadores de actividades, los malabaristas del tiempo de la tipología de las relaciones. No es necesario que se les recuerde que «sólo tenemos una vida y hay que aprovecharla», ya que ellos no sólo tienen una, sino dos o tres, es decir, las suficientes para compartirlas consigo mismos.

La persona adicta al trabajo está Ocupada, con la O en mayúscula. Tiene que concluir cuatro proyectos en dos semanas y, además, entrena voluntariamente a su hijo al fútbol; o bien dirige un bufete de abogados, se está construyendo una casa y cada fin de semana recorre 500 kilómetros en coche para ver a sus hijos. Estas personas son capaces de hacer muchísimas cosas, pero, por un motivo u otro, nunca se les acaba el trabajo.

Tienden a subsistir con muy pocas horas de sueño, y aportan muchísimo a los beneficios de cualquier empresa a la que se dediquen, porque rinden un 110 por ciento. No trabajan para que se les preste más atención, ni para obtener gloria ni elogios, como los buscadores de atención, sino por la pura satisfacción de hacer bien un trabajo. Son los gerentes, los empresarios, los hombres y mujeres de negocios que han prosperado a partir de cero. Competentes y complejos, ya sea que dirijan una floristería o una multinacional, saben tener el dedo puesto en el pulso de una multitud de asuntos y problemas al mismo tiempo. Más capacitados, expertos y entendidos que artísticos, su creatividad se revela en la forma como barajan y negocian sus compromisos para lograr sus fines.

Tom, que está casado desde hace siete años, es un asesor político muy dinámico, que trabaja hasta tarde casi todas las noches, y también los fines de semana; su trabajo es «importante». Cada año hace por lo menos unas vacaciones solo, porque está muy agotado; es «cosa de hombres», dice; necesita tiempo para caminar y relajarse a solas. En casa tiene una segunda oficina separada de todo lo demás, el ex garaje, transformado, donde se sumerge todo el fin de semana, mientras Ellen se entretiene en el gimnasio o sale con las amigas.

Cuando se las arregla para llegar a casa a una hora decente después de un arduo día en la oficina, la lleva a cenar fuera; siempre se lo pasan muy bien. Pero la verdad es que él no desea una relación; de hecho, como le ha dicho ella muchas veces, sólo la quiere para exhibirla en los actos públicos. Y tiene razón, a él le encanta que ella lo acompañe cuando necesita una esposa trofeo cogida del brazo, pero también dice que la ama de verdad. Sin embargo, cuando están en casa solos, se levanta temprano y se va al gimnasio antes de que Ellen se despierte. Y si por casualidad se la encuentra por la mañana tomando el café con tostadas, se encierra en el cuarto de baño, se da una larga ducha y cuando está listo sale disparado hacia el coche, porque «es demasiado temprano para hablar de cosas serias».

Una vez al año van juntos de vacaciones; siempre a algún lugar elegido por ella, con la esperanza de que, lejos del trabajo, tendrán tiempo para alguna conexión emocional. Pero eso nunca ocurre: durante el día, mientras él juega al golf y al tenis, ella va a sesiones de masajes y sale de compras; y por las noches los dos se relajan y cenan agradablemente juntos, aunque a Ellen no le está permitido hablar de nada que sea tan «intenso» que les «arruine» los buenos momentos de que están disfrutando. Al final, siempre se toman unas cuantas fotografías para demostrar lo maravillosamente bien que se lo han pasado juntos. Después vuelven a casa a reanudar sus rutinas, y aunque ella anhela más intimidad, Tom, entre trabajo y trabajo, le dice que deje de quejarse.

Signos reveladores del Adicto al trabajo

- Siempre está ocupado.
- Tiene mucho éxito y excesivos compromisos.
- Da largas a los demás, con dilaciones y alegando «otros» compromisos.
- Prefiere compartir momentos de actividad que de conversación.
- Se le admira por su capacidad para hacer muchas cosas a la vez.

Una mirada con más detenimiento: Características distintivas del Adicto al trabajo

1. Siempre tiene proyectos o actividades programados que le impiden comprometerse con cualquier cosa que se desee hacer con él

Los adictos al trabajo creen sinceramente que desean tener una relación, pero siempre se han organizado la vida de tal forma que de hecho no tienen tiempo para eso. Todo lo que hacen es importante, y esto no es cuento; las cosas que aducen como impedimentos para hacer lo que uno desea son valiosas e importantes y no se pueden obviar. Por ejemplo, esa visita a sus padres a los que no ha visto desde hace ocho años, y que ya no puede aplazar más; o esa reunión laboral que le obligará a ausentarse de la ciudad una semana; tampoco puede dejar de lado a sus hijos, ni pasar de la conversación que ha quedado en mantener con su ex mujer acerca de la ortodoncia de la niña, ni dejar de hacer esas horas extras para pagar sus tarjetas de crédito.

El Adicto al trabajo siempre tiene un millón de excusas, y todas buenas, para no estar disponible en ningún momento. Por lo tanto, si necesitas una pequeña excusa para librarte de algún compromiso personal, acude a un Adicto al trabajo y te ofrecerá un sinfín de ellas.

2. Da largas

«Esta semana no, tal vez la próxima»; «No, esta Navidad no, tal vez la próxima»; «Mañana no, quizá el jueves»; «Esperemos a ver qué ocurre; no sé qué tengo programado para esa hora»; «Escucha, me encantaría pasar unas vacaciones contigo, pero tengo ocupado todo el verano; ¿te iría bien en otoño?», «De acuerdo, en otoño entonces», «Bueno, no sé qué compromisos tendré en otoño; lo hablaremos en septiembre, ¿te parece bien?».

Sea lo que sea que desees programar, puedes estar seguro de que el Adicto al trabajo no entrará en el plan. Con estas personas las cosas siempre son vagas, sin límites; continuamente están volviendo las hojas del calendario para ver el futuro distante y misterioso; te dejan que conserves la esperanza y, llegado el momento, nunca encuentran la manera de cumplir lo prometido, al menos no de la forma que uno preferiría. Obtienes una hora de su tiempo cuando has pedido un día, o un día cuando esperabas una semana. «Te llamo para decirte que pienso en ti, pero en realidad en este momento no tengo tiempo para hablar»; «Sé que acordamos pasar la tarde juntos, pero tengo que encontrarme con el electricista en el edificio en obras». Y siempre dicen cuánto lo lamentan, porque ellos también desearían tomarse el día, la semana o el fin de semana libre, si no estuvieran tan ocupados.

3. Cuando está con alguien se distrae con otros compromisos

El Adicto al trabajo tiene un montón de excusas para no estar presente en los acontecimientos especiales o ni siquiera en las actividades normales de una relación. Y cuando por fin la otra persona logra comprometerlo para una ocasión concreta, encuentra millones de formas para no continuar la conversación, para no entrar en la discusión que podría solucionar un viejo problema, para no ahondar en las emociones o resolver algo concreto para el futuro. Si la pareja sale a comer fuera, él se lleva el teléfono móvil y contesta todas las llamadas de la oficina; o ella llama a casa cada cinco minutos para saber cómo están los niños, ya que está nerviosa por haberlos dejado solos.

La persona adicta al trabajo siempre tiene prisa porque debe hacer esto y lo otro, y eso le impide estar contigo en ese momento. Y aunque en general continuamente está muy atareada por las actividades y ocupaciones aparentemente legítimas de su vida, si la otra persona intenta acorralarla para relacionarse con ella en un plano más profundo, recurre a toda una multitud de formas para no estar presente del todo: le duele la cabeza; está esperando una llamada; ¡uy!, acaba de acordarse de que tiene que ir a recoger una prenda a la tintorería. No permite que la relación pase a la fase siguiente porque siempre tiene otra cosa que hacer. Este año, justamente, ella se ha puesto a redecorar su apartamento. O él ha decidido construirse un barco, que es el sueño de toda su vida, y justo cinco minutos después de encontrarse contigo para la primera cita, ha decidido que es el momento en que tiene que empezar a trabajar en ello; claro que eso le va a llevar cinco años: la construcción de la Kon Tiki fue coser y cantar al lado de lo que él proyecta hacer. O ella está escribiendo un libro, y ya sabes lo frágil que es el proceso creativo; no la llames entre las nueve y el mediodía, que es cuando se dedica a escribir; y tampoco por la tarde, porque a esa hora hace ejercicios para compensar el haberse pasado toda la mañana sentada ante el ordenador, escribiendo.

4. Desea compartir actividades con su pareja, no sentimientos

Alguna que otra vez, los adictos al trabajo se desvían un poquitín y dedican un poco de tiempo a pasar un agradable rato con su pareja. Sin embargo, la mayor parte del tiempo están ocupados consigo mismos, ya que les gustan las actividades que les permiten eludir la intimidad. Están dispuestos a compartir una actividad mientras ésta no les obligue a sumergirse demasiado en los sentimientos: buceo con escafandra, un partido de béisbol, etcétera. Para el Adicto al trabajo el mundo es un tablero de acontecimientos y tareas, y hay que conseguir que todas encajen en sus casillas; además, todas tienen indudable valor, con lo que, evidentemente, la otra persona estará de acuerdo. Las actividades en común en este mundo de distracciones lo mantienen entretenido, a la vez que anima a la otra persona a confabularse con él en la construcción de un mundo lleno de diversiones.

Después de poner fin a un mal matrimonio, en el que se metió a los dieciocho años por un embarazo no deseado, Wanda conoció a un hombre muy simpático y dinámico en la tienda de comestibles, que comenzó a cortejarla inmediatamente. Se sintió fascinada por él, porque su ex marido registrado, como lo llamaba, era un verdadero mueble: jamás quería ir a ninguna parte ni hacer nada. En realidad, su renuencia a participar de los placeres y oportunidades que ella veía a su alrededor había sido el principal motivo de que, después de seis años de matrimonio, decidiera divorciarse de él. Cuando apareció Ben, le encantó que la invitara a las carreras de motos, a una feria estatal y a un congreso que celebraba su empresa de informática en Dallas. Por fin algo de acción, pensó; la vida se ponía interesante.

Todas esas actividades sí pusieron un poco de sal en su vida, y a los seis meses de haberse divorciado se sentía como si hubiera entrado en una relación nueva y emocionante, lo que la llevó, incluso, a considerar la posibilidad de casarse con Ben. Más o menos por esa época la empresa le ofreció a él un trabajo temporal en Japón, lo que le representaba un sustancioso aumento de sueldo, la posibilidad de asumir más responsabilidad y, lógicamente, conocer otra parte del mundo. Invitó a Wanda a que lo acompañara, junto con su hija pequeña. Aunque sorprendida por este giro de los acontecimientos, ella pensó que para ella también sería una de esas oportunidades que sólo se presentan una vez en la vida. Hizo las maletas, preparó a la niña y dos meses después los tres partieron rumbo a Japón.

Pero una vez allí, Ben le mostró su verdadero carácter. Abrumado, como era comprensible, por esa nueva responsabilidad, estaba fuera día y noche, mientras ella se quedaba en casa, intentaba aprender el idioma y seguía un curso de ikebana (arreglos florales). A diferencia de su hija, que al estar matriculada en un colegio bilingüe, aprendía la lengua sin ningún problema y hacía nuevas amistades, ella se sentía encerrada y olvidada; como no podía trabajar, ni hablaba japonés, pasadas las primeras semanas de fascinación por esa nueva cultura, se sintió abandonada y sola.

Mientras estuvieron en Japón, ella atribuyó la actitud de Ben a las responsabilidades de su nuevo trabajo; pero cuando acabaron los seis meses y volvieron a casa, comprobó que esa forma suya de trabajar no era la excepción sino la regla. Día tras día, se marchaba muy temprano a la oficina, embelesado por los conocimientos informáticos adquiridos en Japón y deseoso de comunicárselos a sus colegas.

Agotado por esos largos días de trabajo, aseguraba que necesitaba «hacer algo diferente» por las noches y los fines de semana. Pero semana tras semana, siempre encontraba alguna cosa interesante que lo tenía fuera de casa el fin de semana. Wanda prácticamente no lo veía, a no ser que aceptara acompañarlo a alguna de esas actividades: ir a mirar motos o herramientas de jardinería, o reunirse con las esposas de los amigos de él, mientras ellos asistían a innumerables eventos deportivos. En lugar de desear conocerla más y construir una base emocional firme para su relación, cuanto más tiempo pasaban juntos más distraído estaba él por otras cosas.

Y así comprendió que, justamente la cualidad que le había gustado tanto de él al principio, su disposición o, mejor dicho, su insistencia para encontrar continuamente experiencias nuevas y especiales, era casi una fascinación patológica por las distracciones. De este modo, el hombre cuya vida tan activa la había fascinado, se convirtió en una pareja ausente. Al cabo de un año y medio, se separó de él, soltando un suspiro de alivio por no haberse casado y podido evitar así un segundo divorcio.

Ahora bien, aunque los hombres, con sus herramientas, chismes y juguetes, parecen ser los maestros de la distracción, el Adicto al trabajo no existe solamente en forma masculina. Muchas mujeres se obsesionan tanto por el trabajo, la limpieza de la casa y los hijos (y qué mejor excusa que la muy necesaria atención a los hijos), que encajan a la perfección es esta categoría. Al igual que los hombres, pueden incluso estar seguras, de querer mantener una relación, aunque a la hora de la verdad, tampoco deseen comprometerse demasiado.

Katherine, una próspera mujer de negocios, lesbiana y dueña de su propia empresa, se enamoró de Charlotte; estaba encantada con esa nueva relación. Sin embargo, cada vez que Charlotte le proponía pasar un fin de semana romántico o compartir los placeres de crearse un hogar o trabajar en el jardín, ella siempre encontraba alguna excusa para ir a la oficina. Y no sólo eso, sino que las únicas vacaciones que proponía es que la acompañara a los congresos o reuniones de negocios.

Incluso al principio, cuando estaba locamente enamorada, no dejó de decir que su principal compromiso era conseguir que su empresa triunfara. Lo que le gustaba de Charlotte, decía, es que era una «amante fácil de mantener». La verdad es que la utilizaba como dama de compañía, sin reservarse un tiempo para crear alguna conexión emocional profunda con ella. Muy pronto la relación se volvió superficial y poco interesante y a los dos años se estrelló contra las rocas de su obsesión empresarial.

5. En realidad no desea una conexión profunda; no quiere involucrarse demasiado emocionalmente

Intenta profundizar demasiado mientras estáis cenando y verás cómo el Adicto al trabajo se va a poner a hablar de lo fabuloso que es el pan de ajo; entra en el dominio de tus sentimientos, y se pondrá a hablar, vagamente, por supuesto, de unas posibles vacaciones en el futuro; o de tu familia o de la suya, e inmediatamente intentará desviar tu atención de ese tema. Al igual que los flemáticos, estas personas no desean sumergirse en las aguas de la emoción, pero en su caso, en lugar de reprimir sus sentimientos, lo que hacen es moverse para evitar sentir. Nunca dicen con franqueza que no quieren hablar de esas cosas, sólo que «desean hacer algo». Y si no tienen el valor de expresarlo, la estrategia que emplean es ponerte por delante diez millones de proyectos o tareas a modo de reclamo, como si todo el mundo estuviera de acuerdo en que esos logros fueran lo único que vale la pena hacer en la vida.

Los adictos al trabajo tienen una excelente oratoria; hablan de que quieren mantener una relación, pero la verdad es que les gusta más la idea que la realidad.

Michelle, profundamente herida por su anterior matrimonio con el padre de sus dos hijos, se sintió encantada al conocer a Jim, que apareció justo en el momento oportuno. Sus hijos, que entonces tenían nueve y once años, ya eran lo suficientemente mayorcitos para que ella se sintiera cómoda manteniendo una relación seria. No obstante, casi tan pronto como inició la relación, comenzó a apartarse de él, ya que de pronto los niños se convirtieron en una de sus más urgentes prioridades. «Tengo que llevar a Mark a la sesión de entrenamiento en la Little League y a Cathy a su reunión de Scouts»; «Tengo que quedarme en casa con ellos esta noche porque les da miedo estar solos»; «Tengo que estar en casa cuando venga su padre los domingos por la tarde, para que no se sientan abandonados».

Todas estas excusas eran, lógicamente, legítimas. Nadie niega que los niños necesitan a su madre, pero su preocupación era exagerada. Y a medida que ella iba alegando un motivo tras otro para no estar con él, Jim empezó a sentirse frustrado, temiendo que ella en realidad no deseara tener una relación con él. Aun así, probó varias estrategias: llevarla de vacaciones, proponerle asistir a terapia juntos, o animarla a pasar algún fin de semana lejos de sus hijos para disfrutar de una experiencia romántica. Al final, desesperanzado, lo dejó correr, ya que cuantas más soluciones creativas le proponía para resolver el problema de las necesidades de sus hijos, más parecía alejarse ella de él.

Por lo tanto, ya sea que estén ocupados salvando el planeta, dirigiendo el país, criando a sus hijos o sencillamente sean incapaces de dejar a un lado el periódico o de salir de Internet, la finalidad de toda esta frenética actividad para los adictos al trabajo es evitar la intimidad, ya que con estas actividades y hábitos, en realidad compromisos, llenan los espacios que podrían reservar para una relación.

Al igual que el adepto a la espiritualidad que siempre está meditando y jamás baja de la montaña para saborear la vida real, los adictos al trabajo están siempre balanceándose en el borde, acampados en las afueras de una verdadera relación. Y de este modo, en lugar de hacer sus actividades como un añadido a la vida, evitan saborear la verdadera intimidad comprometiendose siempre en otra cosa.

Por qué amamos a los adictos al trabajo

Amamos a los adictos al trabajo porque tienen energía, aportan variedad a nuestra vida, nos la hacen ver como algo interesante y digno de vivirse, y son un bufé de posibilidades y actividades donde elegir.

Dan textura a nuestras vivencias y nos alivian del aburrimiento. Nos estimulan con sus malabarismos a la hora de organizar el tiempo, capaces, al parecer, de hacer lo imposible. Muchas veces nos facilitan la vida con todo lo que consiguen: nos beneficiamos de las casas que construyen, de sus ingresos de siete cifras, de su conocimiento de los buenos vinos, y en ocasiones, hasta nos organizan la vida. Esto se debe a que están tan concentrados en el trabajo que suelen ser bastante buenos en ver lo que debemos hacer para progresar en nuestra profesión. Que nos ayuden, aparte de todo lo que hacen, es también un alivio y una alegría, porque, evidentemente significa más trabajo, y ellos están en forma en ese sentido. Además, a los que les cuesta imaginarse qué pueden hacer, el mundo de actividad frenética del Adicto al trabajo les atrae especialmente, ya que está lleno de objetivos y finalidades.

También amamos a los adictos al trabajo porque tienen fuerza de voluntad, claridad y decisión. Son maravillosos proveedores y seres humanos interesantes y poderosos.

Cómo nos irritan

Los adictos al trabajo desaniman, siempre nos dejan para después. Sus posibles parejas o cónyuges e incluso sus amigos se molestan con ellos porque, de un modo u otro, mantienen a raya la intimidad.

La pareja de un adicto al trabajo se cansa de esperar que éste llegue a casa, que llame, que tenga un fin de semana libre. Dado que siempre está ocupado, hace que se sienta rechazada, como si le importara más su moto, su diario, los índices bursátiles, el nuevo proyecto o los últimos estudios sobre los balnearios, que ella. Y en los casos más extremos, hasta puede hacerla sentirse poco interesante, sin valor alguno, nada deseada y un verdadero estorbo.

Estas personas también son buenas para inducir sentimientos de culpa cuando su pareja se queja de su falta de atención. ¿Es que no quieres frenar el calentamiento del planeta? ¿Es que no deseas ese fabuloso coche que tanto trabajo me ha costado comprar? ¿No te importa la educación y el futuro de tus hijos? Si su pareja protesta o intenta explicárselo, probablemente acabarán discutiendo. Y claro, el Adicto al trabajo siempre tendrá la razón, al menos en su mente, de modo que, ¿cómo se puede discutir con él? No hay más que fijarse en todas las cosas importantes que hace.

¿Qué pasa en realidad?

Desde el punto de vista psicológico, *la herida emocional del Adicto al trabajo es el abandono.* Ya sea evidente, como la pérdida de un progenitor en su primera infancia, o más sutil, como la sensación de abandono producida, en muchos casos, por la adicción al trabajo de uno o de los dos padres, la causa raíz de su comportamiento es el profundo sentimiento de pena que rodea ese abandono, que nunca ha reconocido ni sentido. De pequeño no tuvo los recursos para resolverlo y por lo tanto aún está atascado en una aflicción no resuelta.

Y de mayor, en lugar de pasar por el proceso emocional del duelo, sentir la rabia, la pena, el perdón y la aceptación, que finalmente lleva a la resolución, lo que hace es aplazar la inmersión en esas aguas profundas; es como si a edad muy temprana hubiera descubierto que uno no puede sentir y moverse al mismo tiempo, y por lo tanto haya aprendido a estar en continuo movimiento para no tener que sentir. Pero cuanto más vive, más sentimientos reprimidos se le acumulan, y mayor es su necesidad de mantenerse en movimiento para no sentirlos. Por eso, al final acaba reproduciendo el abandono que sintió en su infancia abandonando sus emociones por exceso de trabajo o a sus seres queridos por estar demasiado ocupado y distraído.

Pero no todos los adictos al trabajo experimentaron abandono por parte de padres adictos al trabajo. Algunos proceden de familias que tenían demasiados hijos para poder centrar la atención en cada uno de ellos; o tal vez un hijo discapacitado acaparaba gran parte del esfuerzo y los demás tuvieron que arreglárselas solos. Otros sufrieron de un abandono evidente (un padre ausente, una madre que se fue de casa) y eso les dejó una profunda cicatriz y una aflicción reprimida.

Pero no es únicamente el abandono físico lo que genera el sentimiento de pérdida. A veces, debido a que los padres fueron negligentes, o, por extraño que parezca, sobreprotectores, estuvieron demasiado encima de ellos, estos niños también se sintieron abandonados emocionalmente; de un modo u otro, sus padres no les dieron el tipo de atención sustentadora que necesitaban, y eso hizo que se sintieran como si no tuvieran ningún refugio emocional seguro.

Por ejemplo, la madre de Dick vivía tan en la luna emocionalmente hablando, que nunca le preparó la comida, ni le enseñó nada sobre higiene personal, y cuando ya fue un poco mayor, jamás le dijo que se lavara los dientes o la cabeza. En su adolescencia, el chico se sintió marginado en el colegio y sus compañeros se reían de él porque tenía mal aliento y llevaba el pelo sucio y la ropa arrugada.

A Jack, en cambio, lo criaron su madre y su abuela, ambas

tan sobreprotectoras que lo ahogaban. Su padre estaba siempre ausente, en el trabajo, como te habrás imaginado, y ellas jamás lo dejaban salir de casa sin bufanda, jersey, los zapatos bien atados y un pañuelo; tampoco podía salir cuando ya había oscurecido. Esto fue de hecho un abandono emocional, ya que la madre y la abuela obviaron su obligación de fomentar su desarrollo y su independencia. El niño no podía recurrir a ellas para que lo ayudaran a desarrollar su personalidad y lo único que hacían era ahogarlo.

Muy pronto Jack comenzó a hacer cosas a hurtadillas, a encontrar pretextos adecuados para salir de casa: colegio, deberes escolares, deportes, una serie de trabajos. A los diecisiete años se marchó de casa. Cuando habla de su infancia, dice que se siente como si no hubiera tenido padres: su padre no estaba nunca, y su madre y su abuela lo ahuyentaban con su sobreprotección. En lo único que encontraba consuelo era en mantenerse ocupado; aparte de todas sus actividades, no había establecido ningún vínculo emocional.

Al margen de cómo se haya producido el abandono, el hecho en sí es tremendamente doloroso para el futuro adicto al trabajo, ya que los niños abandonados llegan a sentirse seres no amados y que no son dignos de atención. Al principio tal vez perciben ese sentimiento como un rechazo afectivo, pero al estar sometidos constantemente a la ausencia de sus padres, lo que hacen es combatir ese dolor inventándose distracciones: «Mamá, he entrado en la Little League, esta tarde tengo entrenamiento; no estaré para la cena». O «Voy a salir con mis amigos», dice el adolescente cuando se marcha cada noche. De una manera u otra procuran llenar su vida de actividades y distracciones para no sentir el dolor de la falta de conexión emocional.

Algunos se crean distracciones superficiales justamente para no sentir su pena. Una joven adicta al trabajo me contó que cuando era pequeña desordenaba su cuarto para luego tener que limpiarlo y ordenarlo, y evitar así sentir la aflicción que le causaba el alcoholismo de su padre. Un joven me contó que de pequeño se iba a las marismas que había cerca de su casa y allí construía fortaleza tras fortaleza para no sentir el dolor que le producía la indiferencia de su madre. Y otro me dijo que se pasaba el día buscando trabajo con el pretexto de reunir dinero para ir a algún lugar especial, porque estaba muy dolido por la ausencia de su padre, que se hallaba luchando en Vietnam. De un modo u otro, estos niños ocupados más tarde se convierten en adultos distraídos que abandonan a otros del mismo modo que los abandonaron a ellos.

Cuando esta forma de comportarse echa raíces profundas, el único sentido de valía personal que tienen estas personas está en sus consecuciones y actividades. Se imaginan que cuanto más ocupadas estén, más realizadas y satisfechas se sentirán. Y como nunca descienden a un plano más profundo para ver si de verdad lo están o no, llenan su vida con tantas actividades que las ocupaciones y el agotamiento hacen las veces de satisfacción.

Una carga oculta que lleva el Adicto al trabajo es la sensación de que realmente es sus consecuciones. Y como nunca le ha plantado cara a su sentimiento de pérdida ni a su anhelo de intimidad, en la niebla de su agotamiento a veces tiene que hacer frente a preguntas terribles: «¿Soy algo más que todo el trabajo que he hecho, la colección de bienes que he amasado o las actividades en que estoy siempre ocupado?», «¿Quién sería yo si dejara de trabajar?». El Adicto al trabajo está siempre *haciendo* en lugar de *ser*, actuando en lugar de sentir, con el fin de escapar a la pena de la falta de conexión emocional, siempre esquiva.

Estas personas están dolidas por su pérdida; ese dolor se instaló en ellas mucho antes de que lograran entenderlo, y desarrollaron una forma de adaptación que les ha servido todo lo que podía servirles. Entrar en el terreno de la conexión emocional por aquel entonces era demasiado doloroso, porque por mucho que lo intentaran, no lo conseguían. Quizá la situación no les permitió tener esperanzas (sus padres estaban muertos), o fue empeorando paulatinamente (sus padres estaban demasiado distraídos para darles el sustento emocional adecuado). Hicieran lo que hicieran estos niños, se sintieron abandonados. Y así, decepcionados desde el comienzo por las limitadas posibilidades emocionales de sus primeras relaciones, estos adictos al trabajo en potencia aprendieron a distraerse para no sentir el profundo dolor que les causaba el abandono.

Este modo de comportarse se pone claramente de manifiesto cuando el Adicto al trabajo acaba una relación, ya que en vez de decidirse a experimentar el dolor del proceso de curación, para poder amar de nuevo, suele sentirse tan abrumado que no da todos los pasos que podrían llevarlo a la resolución emocional, y lo que hace es distraerse con el trabajo o con otra relación, para que sus sentimientos no vuelvan a cogerlo desprevenido nunca más.

La diferencia entre un Adicto al trabajo y todos los demás

Como todos sabemos, el ser humano está ocupado de vez en cuando, o se encuentra obstaculizado por circunstancias que hacen necesaria una atención desmesurada. Una enfermedad, una crisis familiar, una tarea particularmente difícil en el trabajo, son cosas que distraen la atención de cualquiera durante un buen periodo de tiempo. Sin embargo, para el Adicto al trabajo distraerse es un *modus operandi*; siempre tiene algo que hacer, mientras que la persona normal se distrae como contrapunto con respecto al devenir más tranquilo de la vida.

En el mundo frenético y ajetreado de hoy, la adicción al trabajo es la norma, y se mira con recelo a los que van a paso más lento, a los que se niegan a hacer horas extras o a llenar dos semanas con 25 compromisos sociales. Pero lo que distingue al verdadero Adicto al trabajo es que no solamente elige ese estilo de vida, sino que además le gusta, lo celebra; usa el trabajo como su única fuente de satisfacción, mientras que los demás soportamos el ajetreo y las carreras tratando de hacernos tiempo para tener la intimidad que anhelamos.

Es posible que los adictos al trabajo nieguen que tratan de

evitar la intimidad emocional. Tal vez digan que cada cosa que hacen es necesaria, esencial para continuar avanzando en su vida y que, de hecho, si no las hicieran no podrían tener ninguna relación. A veces intentan desviar la atención del verdadero problema diciendo: «¿Crees que me gusta ir a trabajar?», «¿Piensas que asisto a todas esas reuniones por gusto?», «Pero es que tengo que cuidar de mis hijos, no puedo salir y dejarlos solos». La verdad es que el Adicto al trabajo está siempre ocupado distrayéndose mientras los demás sólo lo hacemos de vez en cuando.

Lo que nos enseña el Adicto al trabajo

Los adictos al trabajo nos recuerdan que el mundo está repleto de cosas para hacer, de placeres por explorar, de responsabilidades que asumir, y de información para digerir. Al hacernos ver continuamente la complejidad de la vida a través de esa multitud de empresas personales, profesionales y recreativas que emprenden, nos mantienen sintonizados con la rica variedad de ésta.

También nos enseñan que somos capaces de repartir la atención, de llevar un buen número de actividades y empresas diferentes y de concentrarnos en más de una cosa a la vez. En un mundo en el que hay que atender el teléfono, el fax y a los Testigos de Jehová que llaman a la puerta, estar pendiente del reciclaje de las botellas, las latas, los diarios y las bolsas de plástico, ir a la tintorería, hacer la compra y acudir al gimnasio y a la iglesia los domingos, no va nada mal aprender a hacer diez cosas a la vez y pasar de una a otra más rápido que una bala.

A diferencia del Perfeccionista, que nunca acaba de verdad las cosas (y que ni siquiera las comienza), el Adicto al trabajo conoce el valor de hacerlas. Nos recuerda, sobre todo a los emotivos y a los fantasiosos, que a veces es importante dejar de lado los sentimientos y simplemente actuar.

Lo que el Adicto al trabajo necesita aprender acerca de las relaciones

El Adicto al trabajo necesita saber que las relaciones son la mejor fuente de curación emocional. Las profundas heridas que nos han impedido explorar y expresar las emociones toda la vida acaban sanando cuando corremos el riesgo de explorar nuestras emociones *en una relación*. Pero como los adictos al trabajo son, por encima de todo, evitadores de emociones, necesitan saber que uno de los mayores regalos de la relación es el crecimiento y la curación emocional.

Manteniendo una relación tendrán la oportunidad de descubrir que la experiencia de conexión emocional es una de las actividades más importantes y placenteras que podemos tener en la vida, ya que a medida que superen el miedo a la intimidad emocional, descubrirán que va surgiendo en ellos una quietud y una tranquilidad interiores. También descubrirán que la conexión emocional no sólo es satisfactoria, sino bastante más gratificante que el frenesí de distracciones con las que suelen mantenerse ocupados.

Vivimos en una cultura en que decimos que deseamos más paz y silencio, más ocio y relajación y, sobre todo, más intimidad y sentido. Sin embargo, esa parte asustada, esa parte adicta al trabajo que tenemos todos, vive removiendo la olla y manteniendo las aguas espumosas, sobre todo en nuestras relaciones. Cuanto menos miedo tengamos de sumergirnos en nuestra vida emocional, más dulces y profundas serán nuestras relaciones.

Lo que puedes hacer para equilibrarte si eres un Adicto al trabajo

Tenga o no conciencia de las heridas emocionales que recibió en otro tiempo, el Adicto al trabajo lo que intenta evitar es volver a sufrirlas. Por lo tanto, su curación se producirá gracias a las experiencias que le permitan entrar otra vez, suavemente, en el dominio emocional.

1. Tómate un día libre

El Adicto al trabajo necesita comprender que esa manera suya de vivir constantemente ocupado es una adicción; una adicción que debe tratar esforzándose, una y otra vez, por alejarse de ella y adoptar otra manera de experimentar la vida. Así pues, tómate un día libre, es decir, un día en el que no programes ninguna actividad. Al principio esto te resultará extraño y, probablemente, también incómodo. Si encuentras que un día es demasiado, que sea medio. Prueba con una hora; y en ese lapso de tiempo, haz algo diferente. Mantén una conversación en la que, en lugar de planear alguna actividad, hables de tus sentimientos. Por ejemplo, de cómo te sientes sin hacer nada: «¿Te gusto sin los esquís puestos?»; «¿Te sientes a gusto así, simplemente en la cama, bebiendo café y mirando el paisaje a través de la ventana?»; «¿Qué ilusiones tienes para el resto de tu vida?»; o: «Me siento nervioso. Esto me resulta raro. Quiero levantarme y leer el diario».

Si eres un verdadero Adicto al trabajo notarás que «no hacer nada» te produce mucha tensión. Al igual que el síndrome de abstinencia en otras adicciones, abstenerse de trabajar produce una sensación tan extraña que la persona siente mucho desagrado. Reconoce que esa sensación es algo natural y trata de perseverar. Repítete que recibirás ciertos beneficios; algunos podrían asustarte.

Por ejemplo, hace unos años dejé de fumar, hábito con el que había disfrutado y no disfrutado durante mucho tiempo. Uno de los descubrimientos más notables que hice al dejarlo fue que mi tiempo aumentó casi al doble; cada día miraba el reloj pensando que ya casi habría acabado el día y comprobaba que me quedaban aún varias horas más de las que suponía. Al principio eso me resultó bastante incómodo; no sabía qué hacer, no sabía cómo iba a pasar la tarde, pero poco a poco fui descubriendo que tenía más tiempo para leer, para pasear y para pasar ratos muy agradables charlando con los amigos. Fumar había sido una distracción importante; quitarlo de mi programa me «alargó» el tiempo; un tiempo que me permitió aumentar otras experiencias más profundas y ricas que ocuparon su lugar. Abandonar esa distracción me creó más espacio para profundizar mucho más en mi vida.

2. Toma algunas medidas drásticas

Cancela las suscripciones al diario, las revistas y todos esos catálogos cuya lectura te distrae.

Para ver qué actividades necesitas suprimir, dedícate un día a hacer una lista de todas las cosas que te mantienen ocupado. ¿Es el teléfono? ¿La correspondencia? ¿Otras personas? ¿Tienes tantos compromisos que casi no te caben en la agenda? ¿Qué pasaría si usaras una agenda de formato más pequeño, digamos una de 7 x 10, 5 cm en lugar de la de 12,5 x 20 cm? ¿Te cabría la vida en ella? ¿Qué harías con el tiempo que te quedara libre?

3. Entra en tu interior

El Adicto al trabajo necesita pasar del mundo exterior al interior para descubrir que hay tanta riqueza allí como fuera; necesita comprender que la vida emocional es en sí misma una actividad, que los sentimientos con sus diversos matices, a medida que cambian a lo largo del día, de placer a pánico y a callado goce, y de tranquilidad a miedo y a rabia, tienen un valor infinito en sí mismos.

Y como el mundo de las emociones es lo que le asusta tanto, cualquier pequeño paso en esa dirección representa un avance hacia un cambio sanador. Por ejemplo, la próxima vez que salgas con tu pareja, o con una persona que podría llegar a serlo en el futuro, haz el siguiente ejercicio: revélale tres cosas de ti, al azar, y una vez que lo hayas hecho, anímala a que te revele tres cosas de ella. Estas tres cosas pueden ser muy triviales, como por ejemplo: «Tengo alergia a los camarones», o muy importantes, como: «Mi hermano es homosexual y cuando mis padres lo descubrieron lo echaron de casa; ni siquiera saben que se está muriendo de sida, ni que lo he llevado a un centro hospitalario a donde voy a verlo con frecuencia». Sea lo que sea lo que decidas revelar, hacerlo significará para ti entrar en el campo emocional.

Una vez que hayas hecho tus revelaciones, pídele a tu interlocutor que te responda con brevedad lo que piensa de cada una de ellas, por ejemplo: «Uy, eso es terrible», o «Interesante; ¿siempre has tenido esa reacción alérgica a los camarones?». Observa qué sentimientos te produce oír esas respuestas. ¿Te gusta? ¿Te da miedo? ¿Estarías dispuesto a ahondar un poquito más? Si te parece que sí, haz la prueba.

Las revelaciones emocionales permiten profundizar en la relación, así que, después de que te hayan contestado a las tuyas, prueba a responder a las que te ha hecho esa persona. Observa cómo aumenta tu sensación de conexión; de eso van las relaciones.

4. Comparte una experiencia diferente con la otra persona

Como el Adicto al trabajo es adicto a la actividad, le asusta cualquier cosa que no sea el trabajo o los negocios de siempre. Por eso, en cuanto hace algo diferente con la otra persona, entra en una zona diferente de su psique. Es decir, en lugar de ir a jugar al minigolf, prueba a meditar con ella; en vez de hacer el amor porque estáis excitados, id al cine a ver una película sentados tranquilamente; o no conectéis el televisor y ocupad ese tiempo en conversar o en dar un paseo por la manzana; y si no queréis caminar estaos quietos en un lugar; en vez de hacer una actividad, probad a estar en silencio juntos. Cuanto más varíes tu repertorio, más experiencias distintas tendrás de ti y de la persona que amas.

5. Llora, siente tu pena y tu aflicción

El abandono que sufrió en su infancia el Adicto al trabajo, haya sido físico o emocional, es una enorme pérdida, y para curarse debe hacer el duelo, sentir la aflicción. Estas pérdidas no se «superan» así como así, y el tiempo no cura todas las heridas. Pero sentir el dolor que producen, sí. Sentir ese dolor es el proceso de duelo por el cual nos renovamos poco a poco.

Si eres un Adicto al trabajo, necesitas conectar con tus lágrimas. Hazlo como sea, aunque tengas que subir a una montaña, sentarte en una roca grande y dejarlas rodar por tus mejillas; aunque tengas que someterte a una terapia de grupo en la que todos te animen a hablar y por fin te abras, o arriesgarte a revelarle tu pena a la persona amada hasta que, en la seguridad que te da esa intimidad, comiencen a brotar las lágrimas.

Ian me contó que cuando por fin conectó con la pena por la frialdad de su madre sintió como si su corazón fuera un balón un poco deshinchado; comprendió que, durante toda su infancia, había sentido una vaga sensación de tristeza, algo así como cuando se está a punto de llorar, y que sólo cuando se enamoró de Carolyn y una noche se echó a llorar en sus brazos, después de hacer el amor, comprendió lo enorme que era esa pena.

Por muchas que sean tus distracciones nunca bastarán para quitarte ese dolor, en cambio si lloras por él y lo sientes de verdad, alcanzarás un nuevo amanecer.

Meditación para el Adicto al trabajo

De pequeño sufrí mucho; me sentí abandonado, y eso hizo daño a mi espíritu. Ahora deseo ser amado; voy a reducir mis actividades para dejar espacio y que entre el amor.

Afirmaciones equilibradoras

La vida es algo más que todas estas cosas que hago.
El amor también es un trabajo, y es mucho más importante que cualquier otra cosa que se me ocurra hacer.
El amor es la mayor realización.
Va bien llorar.

6
El Perfeccionista

«Si no eres capaz de hacerlo bien, no lo hagas.»

El Perfeccionista es el tipo de persona que disfruta ordenando las cosas, ya sea el cajón de los pañuelos, los destornilladores en el garaje o la vida amorosa de todos sus amigos y amigas. Si quieres un trabajo bien hecho, llama a un Perfeccionista. Estas personas son expertas en hacer organigramas, ordenar archivos y explicar a los demás la forma de organizarse y mejorar.

Además, tienen valores increíblemente elevados; en realidad, siempre están trabajando en un ideal invisible: la casa perfecta, el empleo perfecto, la pareja perfecta, o bien en mejorar o progresar ellos mismos, intelectual, emocional, económica y espiritualmente. Son los alumnos sobresalientes, las amas de casa impecables, los empleados que hacen su trabajo con precisión, fabulosos para todo lo que requiere organización y atención a los detalles, aunque suelen frustrarse por su incapacidad a la hora de controlar todas las minucias; les cuesta delegar y se sienten aniquilados cuando ocurre algún percance durante su guardia.

Para el Perfeccionista no hay descanso; sea cual sea su situación, de un modo u otro siempre está a la espera de que las cosas mejoren un poco. Si se trata de una relación, desea que sea algo diferente, más seria, menos seria, o que progrese de manera distinta. Da igual cuál sea el tema: la organización del tiempo, el mantenimiento de la casa, la educación de los hijos o la distribución de los muebles, él siempre tiene una idea sobre cómo debe hacerse, y una visión muy clara del resultado perfecto. Si no mantiene ninguna relación, su perfeccionismo le lleva a imaginar el millón de características y valores, siempre cambiantes e imposibles, que debería tener su posible pareja. Y como de un modo u otro siempre va en busca de un ideal invisible, nunca puede estar totalmente contento y en paz con lo que existe en la realidad. Jamás llega a relajarse en una situación.

Tan pronto terminó sus estudios, Sally se casó con un chico de buen carácter, acomodadizo, y que trabajaba muchísimo. Juntos compraron y remodelaron una casa bastante bonita en un barrio muy agradable. Pero aun así, ella siempre se quejaba de él porque no era del todo perfecto: trabajaba demasiado, no hablaba lo suficiente de su relación y tenía un montón de artículos deportivos guardados en un armario del vestíbulo de la entrada. Así que, después de ocho años de matrimonio, lo dejó para empezar a buscar al hombre perfecto; al poco tiempo creyó haberlo encontrado, pero pasados unos meses vio que éste también tenía defectos: siempre estaba deprimido y bebía demasiado. Sin embargo, no se intimidó ante lo que consideró un reto; convencida de que era capaz de hacerlo cambiar, se lo tomó como un trabajo: lo planificó todo para que él acudiera a las reuniones de Alcohólicos Anónimos, encontrara un nuevo trabajo y tomara antidepresivos. Con la misma eficiencia y celo con que había iniciado su próspera empresa de servicios de secretariado, intentó cambiarlo; pero él se resistió a su programa de mejoría y progreso, por lo que tras seis meses de esfuerzos infructuosos (algo totalmente inaceptable para el Perfeccionista), también lo dejó.

Ya han transcurrido tres años de todo aquello y aún continúa sola; se niega a entablar otra relación porque «nadie es perfecto».

Signos reveladores del Perfeccionista

- Cree que las cosas deben ser perfectas.
- Sus trabajos siempre son impecables.
- Podría tener dificultades para comprometerse en una relación.

- Es exigente consigo mismo y con los demás.
- Tiene valores muy elevados, para todo.
- Una vez que establece una relación, siempre «trabaja en ella».
- Tiende a deprimirse.

Una mirada con más detenimiento: Características distintivas del Perfeccionista

1. Es muy exigente consigo mismo

Los perfeccionistas se rigen por valores muy elevados. Sea lo que sea que hagan (trabajar, cocinar, divertirse, jugar), el resultado tiene que ser perfecto. Si el suflé se desinfla, si a su amiga no le encanta su regalo o si yerra un golpe con la raqueta, piensan que han fracasado del todo. En resumen, sólo pueden hacer las cosas en las que son los mejores, y no exploran los aspectos de la vida en los que se muestran menos que perfectos. Así pues, aunque están muy desarrollados en ciertas cosas, su gama de habilidades suele ser limitada. También suele costarles probar algo nuevo porque no soportan pasar por la fase de aprendizaje en la que, inevitablemente, todos cometemos muchos errores.

Por lo tanto, normalmente eligen esos aspectos en los que pueden ser perfeccionistas; algunos necesitan perfección en lo que hacen, aunque después vivan en un ambiente descuidado; otros centran su perfeccionismo en la casa, el cónyuge y los hijos. También hay los que son exigentes en todo; necesitan que cualquier casa sea y esté perfecta: el trabajo, las relaciones y los hijos, así como también la casa, la ropa, la caja de herramientas y el coche.

Pero sea cual sea el aspecto en que se muestran tan perfeccionistas, lo cierto es que ninguno de ellos es capaz de relajarse y descansar. Se creen en la obligación de permanecer siempre vigilantes para estar seguros de que su vida (su casa, su trabajo, su relación) no se ha descontrolado, y eso les provoca un estado continuo de ligera ansiedad debido a que la vida, como es lógico, no se puede controlar.

2. Nadie satisface jamás sus criterios de perfección

Sea quien sea la persona que por fin elija el Perfeccionista, jamás será la pareja ideal. Un joven conocido mío, que tiene 36 años y aún está soltero, probó todos los métodos para encontrar a una chica con quien «establecerse», alentado, en gran parte, por su madre. Intentó emparejarse con la secretaria de su padre, se apuntó a un servicio de contactos por vídeo, le pidió al marido de su hermana que le presentara a una chica que le gustaba, puso anuncios personales, se apuntó a un centro excursionista, frecuentó algunos bares, e hizo todo lo que cualquier manual del mundo aconseja para encontrar a la mujer de tus sueños.

Pues bien, aunque conoció a centenares de chicas, lo que hizo latir de entusiasmo en bastantes ocasiones el corazón de su madre, a todas les encontró algún defecto. Fueran cuales fueran las cualidades positivas que pudieran aportar a una posible relación, sus únicos comentarios eran: «No soporto que lleve las uñas pintadas de azul»; «No puedo salir con una mujer que fuma»; «No quiere tener hijos»; «Quiere tener hijos enseguida»; «Es demasiado mayor para mí»; «Es demasiado joven»; «Es demasiado baja»; «Es demasiado alta»; «Tiene la nariz rara»; «Deja las toallas tiradas en el suelo».

Los perfeccionistas siempre le encuentran defectos a todo el mundo, de modo que, sea quien sea la persona, nunca será la correcta. Y del mismo modo que el profesor Higgins decía: «¿Por qué no puede una mujer ser más como un hombre?», el Perfeccionista dice: «¿Por qué no puede una mujer (y todos los demás) ser más como mi ideal de persona?».

3. Le interesa perfeccionar a los demás

Cuando el Perfeccionista elige pareja, esa persona se convierte automáticamente en un proyecto o trabajo para él, ya que la posibilidad de perfeccionarla, o por lo menos de mejorarla, es lo que le atrae de ella. Tengo una amiga que se ha casado dos veces; su primer marido la atrajo «porque era inteligente y amable», según sus palabras; muchas personas lo encontraban arrogante, pero ella veía su lado dulce y «sabía que sería capaz de ayudarle a salir de su cascarón». Después de catorce años de intentar que se volviera más dulce, tierno y amable, él se hartó de ella y se fue con otra mujer. Ahora está casada con un pintor que nunca ha logrado desarrollar todas sus capacidades, aunque ella asegura que podrá ayudarlo para «que llegue a ser lo que en realidad es».

Un hombre que conozco se casó con una mujer cuyo hermoso rostro y burbujeante personalidad le levantaba el ánimo cuando se sentía pesimista, lo que le ocurría con bastante frecuencia. Era gordísima, pero él «veía en su interior a la diosa esbelta que estaba a la espera de manifestarse»; pero la diosa no se manifestó, pese a todos los planes de tratamiento y dieta que le programó, y, cansado de sentirse azorado cada vez que salía con ella a la calle y de ver que su trabajo era inútil, la dejó.

Al igual que a este hombre, a la mayoría de los perfeccionistas les gusta más el *trabajo* de perfeccionar al ser amado que la persona en sí, y los rasgos que lo atraen de ella en realidad no son su mayor atractivo.

4. Siempre se decepciona en sus relaciones; la persona amada lo «traiciona»

Dado que su pareja tiene que ser perfecta, tarde o temprano llega la desilusión. Pero la vida es imperfecta, al igual que lo somos todos, y por eso siempre llega el momento en que la persona amada por el Perfeccionista crea una situación en que ocurre lo inaceptable, es decir, lo absolutamente normal.

Una hermosa joven perfeccionista que conozco me contó que «tuvo» que dejar a su novio porque éste le perdió la bolsa de la playa; a esa bolsa le tenía mucho cariño, ya que la llevaba desde hacía mucho tiempo. Pues bien, un día, mientras regresaban de la playa tuvieron un tremendo contratiempo: el coche chocó contra un bache muy duro y perdió una rueda. Mientras esperaban a que pasara alguien para que les ayudara, ella sacó la bolsa del coche y la dejó al borde del camino; después de un rato, se detuvo un señor y los llevó a casa. Una vez allí, mientras cenaban, ella se dio cuenta de que se había olvidado la bolsa y se enfureció con su novio: «¿Cómo es posible que me hayas hecho esto? Es evidente que no puedo casarme con un hombre tan descuidado».

Ni por un momento pensó en lo complicada que había sido la situación ni en que fue ella la que en realidad se había dejado la bolsa al borde del camino; su novio era el responsable; él tenía que haber sido perfecto, por complejas que hubieran sido las circunstancias.

Otro perfeccionista, Bob, hizo algo más o menos parecido. Le pidió a su novia Maggie que reservara los pasajes para un viaje a Singapur en tres etapas que pensaban hacer; después, cambió de opinión bastantes veces, insistiendo en que fuera ella cada vez la que llamara a la agencia de viajes para hacer los cambios necesarios. Al final, cuando emprendieron el viaje, resultó que los billetes para la segunda etapa no se correspondían exactamente con los minuciosos detalles fijados por él.

—¿Cómo has podido hacerme esto? —le dijo a ella enfurecido—. Te dije mil veces que quería ir de Los Ángeles a Singapur por Honolulú.

—De acuerdo, me lo dijiste mil veces. Pero yo no voy a tu ritmo.

—Bueno, simplemente a estas alturas deberías saber lo que pienso —alegó él.

—Pues no —contestó Maggie—. Todavía no sé leerte el pensamiento.

Aunque la afirmación «deberías saber lo que pienso» fuera la muestra más exagerada de sus pretensiones perfeccionistas, él, un perfeccionista total, esperaba que ella satisficiera a la perfección todos sus caprichos, y por eso se sintió con derecho a enfurecerse.

5. Tiende a deprimirse

Dado que actúan de acuerdo al principio de que *es posible* alcanzar la perfección, la realidad siempre los desilusiona. El vaso siempre está medio vacío, y no medio lleno. «¡Si no es una cosa es otra!», exclaman fastidiados como si ya debieran haber desaparecido todas esas pequeñas o grandes imperfecciones. Y ese comentario es el resultado de medir la vida según criterios de perfección inalcanzables que estos intransigentes perfeccionistas, consciente o inconscientemente, creen poder alcanzar.

Ahora bien, como ponen tan alto el listón, la vida nunca puede complacerlos; tampoco sus seres queridos. Así, en lugar de disfrutar de lo que tienen (el vaso medio lleno o la vida tal y como es), viven en un constante estado de semidepresión, ya que la vida nunca es lo que debería ser según sus elevadas miras. Además, las dificultades y decepciones que uno tiene normalmente (por no decir nada de los nudos y enredos de la madeja), las consideran ofensas personales: «¿Cómo es posible que se me haya pinchado el neumático?», «¿Cómo se me pudo pasar ese error?», «¿Cómo pudo hacerme esto?», «¿Cómo ha podido retrasarse veinte minutos?», «¿Cómo puede decirme que no le gusta el nudo de mi corbata?».

Pero los perfeccionistas no sólo se sienten infelices en el instante en que les sucede algo; al parecer hay una especie de nube gris de depresión que los sigue siempre por las múltiples e imperfectas vicisitudes de la vida. La vida no es perfecta y ellos no logran mejorarla; por lo tanto siempre están un poco deprimidos. Les cuesta gozar de ella tal y como es porque no se creen que eso es todo lo que puede ser, y, además, no es lo suficientemente bueno.

Por qué amamos a los perfeccionistas

Estas personas nos atraen justamente porque buscan la perfección. Nos estimulan, nos asombran con su paciencia y su fuerza, su voluntad y su determinación, y con su capacidad para ir en pos de sus objetivos hasta su fin. Con su compromiso, su disposición a emplear el doble de tiempo o esforzarse cuatro veces más que el resto de los mortales para tener los archivos totalmente en orden, pintar el cuarto de baño sin que caiga una sola gota al suelo, saber dónde tienen cada una de sus pertenencias, continuar la conversación hasta encontrar la solución ideal, o planear las vacaciones perfectas, nos recuerdan que hemos de esforzarnos para ser lo mejor que podemos ser. En resumen, elevan nuestros criterios respecto al gusto y al comportamiento.

Los amamos porque nos recuerdan que en alguna parte por ahí existe un ideal invisible, un modelo mejor y más hermoso que cualquiera de los que hayamos visto. Es posible que en ese momento no lo veamos, pero al reconocer su existencia, aunque sea en dominios invisibles, ellos son capaces de abrirnos la conciencia a los dominios espirituales, donde sí existe la perfección.

Cómo nos irritan

Nada de lo que haga la otra persona hace feliz a un perfeccionista, que con sus constantes críticas e imposiciones acaba por desanimar a sus posibles parejas o frustar a sus cónyuges. Un Perfeccionista que conozco lo expresó muy bien cuando le dijo a la mujer con la que empezó a salir: «Ahora tal vez te encanten todos estos detalles que te explico sobre cómo poner la mesa o guardar los botes de pintura, pero dentro de un tiempo te irritarán». Y tenía razón; la verdad es que llega un momento en que esa incesante insistencia en que todo sea perfecto acaba cansando.

Cecilia era una empedernida perfeccionista, muy exigente consigo misma y con todos los que la rodeaban. Y cuando por fin se casó, no cesó en sus exigencias. Su marido no era lo «suficientemente emotivo», así que le convenció para que se sometiera a terapia; no ganaba lo que sería lo ideal, de modo que lo obligó a buscar un empleo mejor; no le gustaba la casa a la que se mudaron al casarse, de modo que al principio insistió en remodelarla y después en que la vendieran y se compraran una más grande, mejor y el doble de cara.

Agotado ante tantas exigencias, al final él tuvo un ataque al corazón. Entonces ella pensó que no era el hombre fuerte con el que se hubiera tenido que casar y antes de que se recuperara del todo lo abandonó.

El perfeccionismo no es un viaje al éxito; es una búsqueda interminable de un objetivo siempre esquivo. A menos que los perfeccionistas vuelvan a la tierra y se decidan por la verdadera vida, con todas sus imperfecciones y soluciones provisionales, se agotarán y agotarán a todos los demás.

¿Qué pasa en realidad?

La mayoría de los perfeccionistas se han criado con un progenitor perfeccionista y otro descontrolado, o bien adicto a las drogas, al sexo, al alcohol o al juego, histérico o maníaco depresivo. Debido al comportamiento de ese progenitor descontrolado, el mundo de su infancia fue caótico, y siguiendo el ejemplo del progenitor perfeccionista decidieron que su tarea era perfeccionarlo, por lo menos en parte. Ahora bien, como esto, lógicamente, es imposible, están condenados al fracaso. *Su herida emocional es una muy sentida falta de seguridad*, que tratan de compensar haciéndose excesivamente responsables.

Ruth se crió en una familia de ocho hermanos, en medio de un caos protagonizado por una madre que sólo hablaba de la perfección del cielo y de la vida después de la muerte, y de un padre alcohólico. Su madre le enseñó con el ejemplo que ningún problema era insuperable; vivía limpiando la suciedad que dejaba su esposo, siempre encubriéndolo y disculpándolo cuando faltaba al trabajo por una de sus resacas, haciendo callar a sus hijos cuando él estaba borracho, y ordenándolo todo muy bien para que no tuviera nada de qué quejarse (lo cual era bastante difícil, con todos los niños armando alboroto).

Aunque Ruth la ayudaba en todo lo que podía, las cosas no eran fáciles, así que decidió no esperar a morirse para que la vida comenzara a ser hermosa, y se marchó de casa a los dieciséis años. Encontró un trabajo y se fue a vivir sola a un apartamento; lo pintó de color rosa y lo decoró hasta que quedó como los de las revistas de decoración. Sola en su casa se entregó al placer de tenerlo todo perfectamente ordenado y de disfrutar de la maravillosa quietud, después de haber compartido la vida con diez personas. Debido a su meticulosa atención por los detalles, se convirtió en una excelente secretaria, y ascendió rápidamente por el escalafón de una prominente empresa de electrónica. Al final, un ejecutivo se enamoró de ella y se casaron.

El éxito en mejorar su suerte en la vida la estimuló a creer que el cielo es el límite. Su alegría fue inmensa, así que cuando nació su hijo Roy, decidió que sería un niño «perfecto». Le habilitó una habitación perfecta en su casa perfecta y esperó a que creciera y fuera perfecto.

No obstante, con el paso del tiempo surgieron dos problemas: Roy, que compartía el interés de su padre por la electrónica, dejaba continuamente desordenada su habitación con sus trabajos manuales, cosa que a ella la enfurecía bastante. Vivía entrando en su habitación a ordenarle los cajones y armarios y a explicarle cómo debía estar todo. El otro problema fue que su marido resultó no ser tan perfecto como se pensaba; aunque nunca bebía en exceso, sí tomaba una o dos copas de vino en algunas fiestas o reuniones de negocios y eso era inaceptable para ella, que no podía dejar de repetírselo constantemente. Al final acabó por ganarse tal antipatía por parte de él y de su hijo, que en la actualidad éste no le habla y su marido la dejó, después de dieciocho años de intentar complacerla.

Ahora bien, no todos los perfeccionistas tienen un progenitor perfeccionista. De hecho, muchos se ven obligados a hacer el papel de progenitores a una edad muy temprana, por ejemplo, cuando el padre o la madre faltan, debido a que han muerto, se han divorciado, son adictos al trabajo o tienen una enfermedad mental o problemas de drogadicción. En estos casos, el niño perfeccionista en ciernes ocupa el lugar de ese progenitor, e incluso puede asumir el papel emocional del cónyuge ausente para contentar al progenitor que queda (puede ser que éste prefiera el apoyo emocional de su hijo o hija en lugar del de su cónyuge, o que en realidad éste falte). Sean cuales sean los motivos, estos niños lo notan y creen que son capaces de cumplir esa tarea, adoptando un papel de adultos a una edad demasiado temprana.

Este fue el caso de Ann; su padre murió cuando ella tenía cinco años y su desolada madre, que era una persona muy nerviosa, buscó apoyo en ella pidiéndole consejo para cada decisión. Aunque, como es lógico, por aquel entonces no tenía la capacidad de asumir ese papel, trató valientemente de ser la consejera y compañera de su madre, por lo que ahora, ya adulta, se ha convertido en una perfeccionista incapaz de conservar un empleo porque tiene demasiado miedo de cometer un error.

Del mismo modo, Katy se convirtió en la «madre» de su hermano y su hermana pequeños, ya que su madre era una alcohólica y su padre pocas veces estaba en casa debido a que era médico rural; cuando llegaba, ellos ya habían cenado y estaban durmiendo. Y así, mientras él hacía su trabajo en el mundo, ella lo hacía en casa, cuidando de su madre y sus hermanos.

Sean cuales sean los detalles particulares de esta configuración familiar, el comportamiento del Perfeccionista es una manera de compensar la dinámica familiar que lo hacía pensar que su mundo estaba descontrolado. Al ver lo que ocurría en ese mundo, se sintió responsable de poner orden en él, de controlarlo todo. Y esa sensación de tener la responsabilidad ante las dificultades es la carga de estas personas.

Como lo normal es que el niño espere que sus padres le ofrezcan un mundo previsible y ordenado, cuando eso no ocurre, su única manera de entender lo que pasa es pensar que en cierto modo es culpa suya y que debe corregirlo. Y así lo hace porque le resulta terriblemente insoportable enfrentar la realidad de que su mundo está algo descontrolado, es decir, que su madre sí tiene unos ataques de furia incontrolables y su padre está borracho día y noche.

En el fondo, los perfeccionistas sufren de una intensa sensación de inseguridad, e intentan apuntalar ese mundo caótico que amenaza hundirse con la energía y la tenacidad de sus esfuerzos. Así pues, al igual que una persona afectada por el trastorno de estrés postraumático, nunca pueden bajar la guardia, porque creen que se va a armar el desastre si no están siempre atentos a las circunstancias de su vida y de quienes los rodean. Se agotan intentando prever y precaver todo lo que podría ir mal.

Kevin, el mayor de cuatro hermanos, asumió esta responsabilidad a edad muy temprana. Su padre no estaba nunca en casa ya que era viajante, y, según descubrió más tarde, tenía una novia en cada puerto, así que él se quedaba en casa para ayudar a su madre en todo lo que podía y cuidar de las niñas. Vivía preocupado por ellas; cada vez que salían a jugar fuera, comprobaba que sus bicicletas no tuvieran alguna rueda suelta, que la rama que había caído en el patio no fuera a lastimarles los ojos, o que no hubieran dejado algún patín en medio del camino y pudieran tropezar con él y caerse.

Pues bien, ahora, de adulto, se comporta igual cuando sale con alguna chica; siempre está vigilante: se preocupa de que no meta el pie en un charco de agua, cierra bien la ventanilla del coche para que no vaya a coger frío o la deja un poquitín abierta para que entre la cantidad justa de aire, la ayuda a bajar o a subir el bordillo, o le recuerda que se lleve una chaqueta. Según me dijo, la mayoría de las mujeres con las que sale le agradecen tantas atenciones, pero algunas lo encuentran tedioso. En cuanto a él, reconoce que lo agota tanto estar atento a todas esas pequeñas cosas y que con frecuencia se desmorona y tiene que tomarse un tiempo libre de relaciones.

La diferencia entre un Perfeccionista y todos los demás

La diferencia entre los perfeccionistas y los demás es que nunca se sienten satisfechos, mientras que el resto sí, al menos en parte. La mayoría de las personas, a pesar de ciertas decepciones y las evidentes limitaciones o imperfecciones, por lo general se sienten satisfechas con una relación imperfecta, ya que en el fondo saben que ninguna es perfecta, o con la vida y sus muchas imperfecciones, porque las cosas son así.

Los perfeccionistas suelen generalizar en este sentido, es decir, si son perfeccionistas en un aspecto de la vida también desean serlo en otros, aunque no estén muy desarrollados en ellos. Por ejemplo, la persona que desea que todos sus cajones estén perfectamente ordenados también desea, inconscientemente, una relación perfecta, una casa perfecta, un trabajo perfecto, unos amigos perfectos y las vacaciones perfectas. Y justamente debido a esa generalización, acaban sintiéndose decepcionados no sólo en aquellos aspectos de la vida en los que, dadas sus capacidades y aptitudes, pueden alcanzar cierto grado de perfección, sino también en aquellos en los que de ninguna manera pueden conseguirla.

Los demás nos conformamos con la provisionalidad en todos los ámbitos de la vida; es decir, sabemos que hay un límite, que se llega a un cierto punto en que las cosas son todo lo buenas que pueden ser y nada más: una relación bastante buena, un apartamento bastante bueno, unas vacaciones bastante buenas. Y tratándose de relaciones, sabemos que una persona (ya sea la pareja, un amigo o un hijo) es lo bastante buena para ganarse nuestro amor y hacernos pasar unos momentos agradables con ella.

Lo que nos enseña el Perfeccionista

Los perfeccionistas hacen que el mundo sea mejor en todos los campos en que se expresa su perfeccionismo. Con ellos se vuelve hermoso y sólido, y nos dan una visión de «cómo podría ser».

Esto se debe a que son los platónicos de los tipos. Es decir, intentan ponerlo todo a la altura de un ideal invisible. Nos recuerdan que la situación siempre podría ser mejor, más elegante, más oportuna, más ordenada, más controlada, mejor organizada, más eficiente, más hermosa que como la hemos imaginado o dispuesto en ese momento. Insisten en que podrían ser más fuertes, más amables, más sinceros en sus emociones, y más conscientes espiritualmente.

Mediante su control, sus críticas y su constante búsqueda de la perfección, hacen que tomemos conciencia de que en algún lugar existe un ideal por el que vale la pena esforzarse. La mayoría lo hemos perdido de vista, y muchos hemos renunciado incluso a esforzarnos por él. Pero los perfeccionistas, con su convicción de que la perfección (y la fuerza de voluntad que la acompaña) puede y debe obtenerse, nos recuerdan que, en realidad, todo podría ser muchísimo mejor de lo que es.

Lo que el Perfeccionista necesita aprender acerca de las relaciones

Estas personas deben comprender que todo el mundo tiene algún defecto, incluidas ellas. Por mucho que uno se esfuerce, por muy bien dobladas que estén las servilletas, por ordenado que esté el equipo de acampada, o por mucho que se haya analizado una situación, a los demás no se les puede exigir la perfección. Las personas podemos mejorar, podemos cambiar si queremos, pero normalmente hacemos lo que queremos y cuando queremos, y cada uno sólo es responsable de sí mismo.

Cuando conseguimos relajarnos en el conocimiento de que las cosas son exactamente como son, vemos que una relación es algo más que tenerla en orden y somos más capaces de disfrutarla. Deja de ser un trabajo, u otro conjunto de responsabilidades, para convertirse en el espacio en el que encontramos reposo. Nuestra disponibilidad hacia aquellas experiencias de las que no somos responsables nos permitirá descubrir los placeres de la espontaneidad, las alegrías de la irresponsabilidad, y disfrutar de los felices momentos o acontecimientos fortuitos, insólitos, que nos cogen por sorpresa.

Los perfeccionistas tampoco deben olvidar que en cualquier relación algunas cosas serán perfectas, otras, bastantes, imperfectas o mediocres y unas cuantas más, francamente malas, la combinación normal y apropiada para cualquier *buena* relación.

Lo que puedes hacer para equilibrarte si eres un Perfeccionista

1. Suéltate, afloja tus normas

Para ejercitarte en la aceptación de las imperfecciones de la vida necesitas hacer dos cosas. En primer lugar, intenta aceptar un poco más a la persona con quien estás relacionado (y a cualquiera que entre en tu círculo como posible pareja). Cuando ocurra algo que te indique que tu pareja o la persona con la que sales no es perfecta (llega veinte minutos tarde a la cita, no te trae flores, se ha olvidado de recoger la ropa de la lavandería), di para tus adentros: «Todos tenemos derecho a cometer errores».

El Perfeccionista tiende a generalizar: a partir de un hecho insignificante se imagina un caos total (el olvido de pasar por la lavandería, por ejemplo). Es como si creyera que pasar por alto un descuido (no ir a buscar la camisa a la lavandería) lo fuera a lanzar por una pendiente hasta su infancia, donde la otra persona se emborrachará, se pondrá a bailar sobre la mesa en paños menores y lo amenazará con golpearlo. Pero, si cada vez que te pase algo como esto te dices a ti mismo: «Todos tenemos derecho a cometer errores», conseguirás cortar el proceso de generalización y quedarte en el momento presente sólo con ese pequeño problema.

También te será muy útil que la mayor parte del tiempo le cedas a tu pareja esa enorme necesidad tuya de estar al mando. Permítele que te lleve a merendar al campo, que planee el fin de semana, o que te sorprenda con una sesión de amor espontánea. Cuanto más cedas el mando más fácil te resultará hacerlo, y mejor comprenderás que en la relación hay otros aspectos, aparte de inventar y dirigir planes para solucionar las imperfecciones.

2. Fíjate en lo bueno de la otra persona y exprésale tu reconocimiento

No se puede estar en dos sitios al mismo tiempo, ni se puede ser tierno y crítico a la vez. Para avanzar hacia la aceptación de la forma de ser de la otra persona aumenta tu capacidad de amar, tratando de expresar tu aprecio y tu valoración. Todo el mundo tiene algo digno de ser valorado, así que en lugar de empezar a fijarte en el vaso medio vacío o en los defectos, comienza a apreciar lo que tiene de bueno esa persona y dilo en voz alta.

Lo que nos oímos decir es lo que comenzamos a creer y cuanto más lo decimos en alto con más convicción lo creemos. Al Perfeccionista le resulta muy fácil expresar resentimiento: «No hiciste...», «Nunca serás capaz de...», «No...», «¿Es que no puedes...?». Pero lo cierto es que cuando se expresa el resentimiento las cosas que se aprecian se hacen más visibles. En realidad, el hecho de que el resentimiento vaya seguido del aprecio es un fenómeno psicológico natural. Después de haberte quejado ante Susie de que siempre llega tarde a las citas, de pronto recuerdas lo hermosa que está cuando la ves venir, y así, en lugar de fijar la atención en sus imperfecciones, de repente ves lo afortunado que eres de que esté contigo.

Por lo tanto, este ejercicio consta de dos partes; la primera es expresar aprecio en cuanto notes que has manifestado resentimiento. Por ejemplo: «Eres demasiado sensible, siempre que estoy contigo tengo miedo de hacerte llorar. Pero me emocionó mucho verte tan conmovida por la boda de Ryan y Cheryl. Ojalá yo pudiera expresar mis emociones como tú».

La segunda parte es elogiar. Cuando lo hagas, te oirás decir en voz alta el motivo por el que estás relacionado con esa persona. «Tienes mucha chispa; los mensajes que me dejas en el contestador son geniales»; «Eres un amante maravilloso», «Me encanta hablar contigo, siempre tienes alguna opinión sorprendente»; «Me gusta tu serenidad; cuando estoy contigo tengo la impresión de que todo va a ir bien».

3. Practica la gratitud

A modo de ejercicio para superar el perfeccionismo, al final de cada jornada anota en una lista todas las cosas por las que estás agradecido. La mayoría de los perfeccionistas piensan al final del día en todo lo que no les ha salido bien: lo que no han hecho correctamente, lo que sus empleados han hecho mal o han dejado de hacer, la situación que no han sabido manejar a la perfección, o, con más frecuencia, lo que el jefe, el cónyuge o algún hijo no ha sabido resolver a la perfección, y, más en general, todo aquello que está mal en el mundo. También tienen una lista de las tareas que harán al día siguiente.

Pues bien, como todas estas cosas producen sentimientos negativos, si terminas el día expresando agradecimiento, verás que aunque no todo haya sido perfecto, muchas cosas te habrán salido bastante bien, e incluso puede que hasta hayan sido maravillosas. Fíjate en ellas, y te sentirás mejor contigo mismo y con los que te rodean.

4. Haz alguna práctica espiritual

La inseguridad del perfeccionista viene del problema psíquico que representa creer que debe responsabilizarse y al mismo tiempo saber que no podrá conseguir que todo sea perfecto. Sólo Dios tiene esa potestad, así que lo mejor será que traspases cuanto antes esa responsabilidad a una fuerza superior. La llames Dios, divinidad, poder superior o Plan, cuando te rindas a ella te sentirás cada vez más aliviado.

A los perfeccionistas les cuesta creer en un poder superior, debido a que de pequeños su mundo estuvo bastante descontrolado; si existía Dios, no lo vieron por ninguna parte. Además, dado que han tenido que asumir responsabilidades durante tanto tiempo, por lo general desde su más tierna infancia, a una edad en que no les correspondía hacerlo, ahora se han vuelto adictos a la responsabilidad, y al igual que cualquier adicto, necesitan abandonar esa droga (la responsabilidad) y rendirse a algo superior a ellos.

Aunque no creas en Dios y te cueste imaginar el concepto de un poder superior, comienza una práctica espiritual poniéndote constantemente en situaciones en que sientas la belleza o una respetuosa admiración. Tal vez para ti eso signifique pasar un tiempo en contacto con la naturaleza, ante la imponente presencia de una montaña que ha ocupado ese mismo lugar durante eones, o caminar por la playa contemplando el mar siempre cambiante. Quizás haciendo eso veas a Dios, o bien entregándote a algún tipo de servicio, como trabajar de voluntario en un centro para enfermos terminales que estén solos, lo que te permitiría entrar en contacto con los misterios de la muerte, o en un hospital, donde podrás conmoverte ante el milagro de la curación, llegues a tener un atisbo de ese poder que te trasciende. Pero si no te atraen todas estas cosas, lo mejor será que empieces por una práctica espiritual sencilla, como hacer meditación a base de respiraciones profundas o entonar cánticos. Estas prácticas que modifican el funcionamiento del sistema nervioso, con el tiempo te producirán una inmensa sensación de paz interior.

Por encima de todo, el Perfeccionista necesita doblegarse ante la sencilla verdad de que en la vida no hay ninguna garantía, por mucho que queramos que la haya, y reconocer que uno solo no puede generar seguridad. Por otro lado, tampoco debe olvidar que, por lo general, la vida no es tan caótica como se imagina. Hay una seguridad que trasciende la seguridad que podemos crearnos nosotros mismos. Pero eso sólo lo descubrirás cuando confíes tu vida a una fuerza superior a ti.

Meditación para el Perfeccionista

De acuerdo, renuncio. Estoy dispuesto a no seguir intentando dirigir el mundo; quiero descansar. Por favor, ayúdame a dejar de responsabilizarme de todo; ayúdame a relajarme y a ser feliz con la vida tal como es. Ah, por cierto, gracias por todo el amor que recibo y las relaciones que mantengo.

Afirmaciones equilibradoras

Nadie es perfecto.
Es normal cometer errores.
No todo depende de mí.
Otra persona está a cargo.
Estoy seguro y a salvo.

7
El Fantasioso

«Será mejor cuando...»

Los fantasiosos son los románticos de natural dulce de los tipos de personalidad en el amor. Creen en los encuentros mágicos, en los amantes desafortunados, en los futuros bellos y en los sueños imposibles, así como en la marmita llena de oro que se encuentra en un extremo del arco iris, y en los finales felices de las películas de Hollywood. Y con su romántico entusiasmo también nos hacen creer en esas cosas a los demás.

El pecho del Fantasioso se convierte, después de crear hermosos cuadros con los mejores resultados posibles, en un manantial eterno de esperanza. Es un placer estar con ellos porque siempre están a punto de hacerse ricos, de emprender una aventura fabulosa, de que se descubran sus excelentes dotes para la fotografía, o de encontrar al amor de sus sueños. La mujer fantasiosa no sólo ha conocido a un hombre, sino al hombre más guapo y atractivo; y no sólo ha ido a cenar, sino que ha vivido la cena más romántica del mundo a la luz de las velas.

Al igual que los emotivos, los fantasiosos tienden a exagerar, aunque son mucho menos expresivos que aquellos. No necesitan bombardear al otro con sus sentimientos, pero sus cuadros emotivos ocupan el centro de su visión del mundo. Siempre creen que su situación está a punto de cambiar para mejor. Será mejor cuando él acabe sus estudios, cuando ella deje de beber, cuando hagamos esas vacaciones en Europa, cuando disfrute de su herencia...

Los fantasiosos miran el mundo a través de unas lentes de color de rosa; eso los convierte en excelentes vendedores y promotores de sí mismos y también de los demás. Pero como buenos soñadores que son, a veces tienen dificultades para dar los pasos necesarios a la hora de hacer realidad sus deseos.

Veamos el caso de Judy, a la que conocí cuando tenía cuarenta años, en plena tramitación de su cuarto divorcio. Ninguno de sus matrimonios había funcionado, pero ella estaba convencida de que el hombre de sus sueños estaba por ahí, en alguna parte, esperando simplemente cruzarse en su camino. Lo único que tenía que hacer era conocerlo.

Pues bien, durante los seis años que la traté, encontró una y otra vez a ese hombre ideal. Todos le parecían perfectos cuando comenzaba a salir con ellos, pero pasado un tiempo la relación no funcionaba y ella empezaba de nuevo a forjar planes para el siguiente. Y pese a todos esos romances que no acabaron en nada, nunca la vi desanimada ni deprimida.

Ese optimismo y ese entusiasmo impregnaban todo lo que hacía. Como empleada del hogar, sabía que muy pronto le saldría un trabajo maravilloso y más gratificante que el que estaba realizando, un trabajo que, al igual que el hombre de sus sueños, siempre estaba a la vuelta de la esquina. Un día se iba a reunir con unas personas que la contratarían en una tienda de antigüedades, y, al siguiente, estaba a punto de abrir una tienda de modas de alta costura con dinero de inversores extranjeros. Y cuando ninguna de esas cosas le salió bien, lo intentó con una empresa inmobiliaria, en la que en un abrir y cerrar de ojos haría un millón de dólares. Y aunque nada de todo esto se hizo realidad, nunca dejó de soñar y de hacer planes, convencida de que en cualquier momento ocurriría.

Signos reveladores del Fantasioso

- Suele vivir en el futuro.
- Escribe guiones sobre «cómo va a ser».
- Es necesario «devolverlo a la realidad» o decirle que «las cosas no son como piensa».

- Es un «romántico».
- Le cuesta enfadarse.
- No da crédito a lo que dicen otras personas acerca de la relación que mantiene.
- Suele sentirse aniquilado emocionalmente cuando acaba una relación.

Una mirada con más detenimiento: Características distintivas del Fantasioso

1. Vive en el futuro

En el mundo del Fantasioso el tiempo está distorsionado debido a que en lugar de saborear el néctar del presente siempre está imaginando un futuro brillante y de color de rosa. Estas personas nunca se establecen ni están del todo en el presente; continuamente vagan, observando, esperando e imaginándose qué va a ocurrir en el futuro previsible o sólo imaginable, cuando «la vida sea perfecta», se solucionen todos sus problemas y se hagan realidad todos sus sueños. Bueno, todos sus sueños quizá no, pero por lo menos el sueño o proyecto concreto con que están fantaseando en ese momento. La fantasía puede ir sobre esa chica tan guapa que acaba de llegar a la oficina o sobre la estrella de televisión que vio un instante el día anterior en el túnel de lavado de coches. Sea como sea, lo que es evidente es que no está soñando con una persona corriente, de su barrio, cercana, alguien que pueda ofrecerle una verdadera relación, y que, pase lo que pase, desatenderá la experiencia real del momento, para continuar soñando con el futuro.

2. No hace caso de la realidad

De un modo u otro, el Fantasioso no está conectado con las cosas tal y como son; se niega a mirar de frente la realidad. Al igual que el adicto a las tarjetas de crédito que no tiene en cuenta que ese interés del 18 por ciento que va a pagar ahora por una deuda de 5.000 dólares podría llegar a los 30.000 dólares dentro de unos años, no hace caso de los hechos que tiene delante.

Durante unas largas vacaciones que pasó en Europa, Phil tuvo una breve aventura amorosa en Copenhague, con Inga, una bella modelo. Sólo iba a estar allí el fin de semana; la conoció a la salida del Tivoli, y se pasaron dos maravillosas noches haciendo el amor y recorriendo la ciudad. Cuando se marchó el martes, se dieron sus respectivos números de teléfono y direcciones y durante el resto del viaje le envió postales de todas las ciudades que visitó.

Cuando llegó a casa al cabo de un mes, comenzó a llamarla. En una de sus primeras conversaciones, Inga le dijo que la distancia que los separaba los hacía «geográficamente inadecuados». Sin hacer caso de ese comentario basado en la realidad, él continuó llamándola de vez en cuando, y fantaseando con la idea de que algún día volvería a Copenhague para reanudar el romance en el punto donde lo habían dejado.

Tres años después volvió a Dinamarca y cuando la llamó se enteró de que en todo ese tiempo ella se había casado, se había divorciado y era madre de un niño de dos años. Aun así quiso salir con ella, pero Inga, como madre y mujer divorciada, rechazó sus proposiciones y le dijo que no consideraba apropiado que continuaran la relación.

Bastante abatido, él continuó su viaje y después volvió a casa. Al cabo de unos meses la llamó para «saber cómo le iba». Y continuó haciéndolo de vez en cuando hasta que, pasados siete años de su primer encuentro, volvió a Copenhague. Aunque ella continuaba divorciada y viviendo con su hijo de cinco años, por aquel entonces estaba muy feliz porque salía con un empresario danés. Una tarde en que quedaron para tomar el té, Phil le dijo a modo de lamento: «He vuelto porque eres la única mujer con la que siempre esperé casarme».

Inga, sorprendida de que hubiera podido contribuir a mantener viva durante siete años esa fantasía, mientras ella se casaba, se divorciaba, tenía un hijo, encontraba el trabajo de su vida y mantenía una serie de relaciones, se propuso convencerlo, casi a gritos, en medio de la cafetería, de que todo ese tiempo había vivido engañado, basándose en un encuentro romántico, placentero, pero breve. Después de eso, Phil volvió a casa desolado y les explicó a todos sus amigos que la mujer que amaba lo había rechazado, aunque ellos ya le habían dicho que la olvidara, que sólo había sido una de esas aventuras que se tienen de vez en cuando en los viajes.

Al igual que Phil, Jenny, una lesbiana que desde los tres años supo cuál sería su orientación sexual, se enamoró de Linda, una mujer que se había divorciado no hacía mucho, tenía dos hijos y nunca había mantenido una relación homosexual. Pues bien, consiguió tener con ella una aventura sexual breve pero placentera, después de la cual Linda le dejó claro que a pesar de que había sido una experiencia importante en su vida, ella seguía siendo heterosexual.

Sin desanimarse, Jenny continuó cortejándola, colmándola de regalos y flores, ganándose el cariño de sus hijos, a pesar de que Linda se hubiera comprometido seriamente con un hombre y le hubiera dicho con toda franqueza que pensaba casarse con él. Y así continuó durante un año, ella asediando a Linda y ésta rechazándola continuamente, hasta que, desolada, un día se enteró de que su ex amante se casaba.

Algo similar le ocurrió a John, que después de mantener varias relaciones homosexuales decidió simular que era heterosexual; salió con un buen número de chicas, se comprometió en matrimonio y finalmente se casó, pensando que en cualquier momento se le acabaría su atracción por los hombres, que él y su mujer, Lucy, tendrían hijos y que la heterosexualidad, que durante años le había sido esquiva, descendería sobre él finalmente y lo introduciría en la órbita del matrimonio.

Pero eso no ocurrió nunca y sólo cuando Lucy, muy frustrada por su anómalo comportamiento sexual, tuvo una aventura extraconyugal, decidió enfrentarse a la realidad y reunir el valor suficiente para reconocer que era homosexual; poco tiempo después pusieron fin a su matrimonio de mutuo acuerdo.

Otra manera de no vivir en la realidad muy practicada por los fantasiosos es mantener relaciones con personas mucho mayores o mucho más jóvenes que ellos; relaciones que no suelen ser satisfactorias ni felices durante mucho tiempo. Después de dos años de mantener un romance satisfactorio por ambas partes con un hombre 27 años menor que ella, Paula se sintió destrozada y casi llegó a pensar en el suicidio cuando él, tras hablar sinceramente con ella, la dejó por una mujer más joven. «Pero si yo siempre pensé que nos casaríamos», le dijo, en el colmo de falta de realismo. El joven, que también había disfrutado de la relación, le contestó: «Reconozco que nuestra relación ha sido maravillosa, pero, ¿cómo es posible que te hayas imaginado que nos casaríamos? Eso no es ser muy realista que digamos».

Esta falta de realismo puede llevar a una persona fantasiosa a decir, por ejemplo: «Por supuesto que adoptará a mis seis hijos»; «Sin duda, vamos a comenzar haciendo unas vacaciones exóticas de un mes», o «Lo conocí en un congreso de fin de semana y por su forma de mirarme me di cuenta enseguida de que se había enamorado de mí. Aunque esté casado y me haya dicho que continuará con su mujer, sé que cuando vuelva a casa la dejará por mí».

Lo fascinante de todas estas afirmaciones es que en cierta manera se inspiran en la realidad. *Toda regla tiene sus excepciones*: hay personas que han encontrado a su verdadero amor durante unas vacaciones; las hay que han cambiado su orientación sexual o que han tenido relaciones estables y duraderas pese a una diferencia de edad de veinte, treinta o más años (Fred Astaire y su esposa, Gene Kelly y la suya, Mary Tyler Moore y su marido, por nombrar a unos pocos), y las hay que han dejado a sus cónyuges por sus amantes. Pero se trata de excepciones. Sin embargo, para los fantasiosos, la excepción es la regla, y siempre está a punto de ocurrirles a ellos.

3. Tiene un programa

En lugar de mirar el presente o la realidad de la situación, el Fantasioso pretende cambiar las cosas, y con mucha frecuencia eso significa cambiar a la otra persona: «Lograré que deje de beber», «Conseguiré que deje de fumar marihuana»; «Aunque jure que no desea tener hijos yo la convenceré»; «Nunca hacemos el amor, pero seguro que cuando estemos casados se convertirá en el mejor amante»; «Sé que ha tenido todas esas relaciones con hombres, pero yo soy la mujer capaz de cambiarlo»; «No es cariñoso, y es tremendamente callado, pero una vez que nos casemos aprenderá a hablar»; «Nunca me trae flores, pero yo soy capaz de enseñarle a hacerlo».

En realidad, estas disparatadas expectativas representan un programa de cuya realización el Fantasioso se siente del todo capaz, aunque todo el mundo, excepto él, sabe por experiencia que es prácticamente imposible cambiar a nadie, en especial si la persona no desea cambiar. Y esa presunción demuestra una vez más lo desconectadas que están estas personas de la realidad.

4. Se abate ante las frecuentes desilusiones

Aunque los fantasiosos no viven en la realidad, tarde o temprano se ven obligados, como el resto de los mortales, a enfrentarse a ella. Sin embargo, su actitud les lleva a que cuando ésta les pisa los talones o, con más probabilidad, les muerde la pierna como un perro rabioso, no se encuentren preparados. Y de este modo, en lugar de aceptar o conformarse con la realidad y «tratar de comprenderla» («Sí, me doy cuenta de que veintiséis años es una diferencia de edad demasiado grande; no tiene nada de extraño que me haya dejado», o « Es lógico que un romance por teléfono no acabe en matrimonio»), cuando ésta les golpea en la cabeza como un coco que cae de un árbol, lo que hacen es sorprenderse y sentirse abatidos.

No entienden que la realidad es algo más que la foto Kodak particular que tienen de ella, ya que se imaginan que las cosas son como ellos las ven, y por eso se sienten desolados cuando no resultan así. Pero por lo general esa desolación les dura sólo hasta que se ponen a preparar su próxima fantasía y vuelven a entusiasmarse.

5. Utiliza las fantasías para evitar el trabajo difícil

Conocí una vez a un pintor muy dotado al que le costaba muchísimo promocionarse para vender sus cuadros, ya que siempre se quedaba en su estudio fantaseando con la idea de que un día aparecería un grupo de críticos y al instante descubrirían su talento. Y estas fantasías le impedían dedicarse seriamente al trabajo de ofrecer su obra y hacer realidad sus sueños.

Pues bien, esto mismo les ocurre a los fantasiosos en las relaciones de pareja. Al igual que el pintor que debería haberse organizado, llamar a las galerías de arte y tener a punto su carpeta de cuadros, lo hacen todo excepto trabajar en sus relaciones. Tienen una leve idea de cómo debería ser una relación, muchas veces sacada de las películas románticas o las novelas rosas, con besos a la luz de la luna, pero no están preparados para aceptar los detalles de la vida real tal y como son. Y así, la necesidad de conversar, negociar y transigir, y de prever que pueden presentarse dificultades o periodos de tiempo muerto, les pilla desprevenidos. «Esto es muy difícil», gimen, y sólo desean huir de la relación que tienen para embarcarse en otro romance de fantasía.

Por qué amamos a los fantasiosos

Los fantasiosos nos gustan porque sueñan imposibles. Nos sacan de lo vulgar y nos dicen que la vida puede ser extraordinaria, que las reglas se pueden transgredir y que podemos ganar pese a tener todos los factores en contra.

Hacen la vida interesante y divertida; olvídate de la tediosa rutina de 9 a 5. Y en cuanto al romántico fantasioso, seguro que te encantará cuando, al acabar de cenar por primera vez con él, te diga: «Tomemos un barco a las Bermudas», «Hagamos un viaje a Tailandia» o «Vámonos de excursión en canoa por los rápidos». O: «Pues claro que vamos a vivir en esa mansión de la colina, aunque los dos estemos endeudados hasta el cuello por culpa de los préstamos que pedimos para acabar los estudios», y al instante te saca de las calmas ecuatoriales y te eleva entusiasmado ante un futuro fabuloso .

Además, como buen romántico que es, tiene un don especial para los detalles: te envía cuatro docenas de rosas para tu cumpleaños, encuentra unos pendientes de perlas perfectos para regalártelos el día de vuestro aniversario de bodas, o te llama tres veces al día para decirte lo mucho que te quiere. La mujer amada por un Fantasioso no tiene dudas al respecto. Por precaria que sea tu situación, o la del mundo, los fantasiosos se saltan los límites de la vida tal cual es y nos cautivan con su visión de la magia.

Cómo nos irritan

Los fantasiosos nos agotan porque nunca se enteran de verdad de quiénes somos, de cómo son las cosas ni de lo que decimos de nosotros mismos. Desalientan a sus posibles parejas porque, al igual que una cometa llevada por el viento, siempre hay que traerlos de vuelta a la realidad.

Es como si no quisieran vivir en el mundo real; siempre tienen algún plan o sueño que se apoya en la realidad, pero con una visión poco realista. Nos irritan porque se pasan el día hablando de todas las posibilidades como si fueran reales, y luego miran al otro como si éste les hubiera estropeado el plan simplemente porque no ha querido invertir sus últimos 500 dólares en su loca idea.

Por lo general son imprudentes; es decir, son capaces de gastarse sus últimos 10.000 dólares en un anillo de diamantes, porque no han podido resistirse a la tentación, aunque saben que después no podrán pagar la luz. El Fantasioso se obsesiona por un sueño y no para de hablar de él hasta agotar la paciencia de su interlocutor: la pirámide que va a construir, la lotería que le va a tocar. Y si su pareja intenta decirle que no es posible desmontar la casa de seis habitaciones que tienen y meterla en un barco para dar la vuelta al mundo, al menos no antes de que los niños acaben los estudios, le dice que le ha hecho polvo con tanta vulgaridad y falta de imaginación.

También nos parecen difíciles porque no se creen lo que les decimos de nosotros mismos.

—No —dice el cónyuge de un Fantasioso—, no quiero vivir en una casa con una piscina olímpica. Me basta con una bañera.

—Pues sí que quieres; ¿no sería maravilloso? Podríamos nadar en ella todas las mañanas y no tendrías que ir al gimnasio.

—Pero es que a mí me gusta ir al gimnasio y la verdad es que no me gusta nadar; además, no quiero mudarme de casa; acabamos de remodelar ésta y me siento muy a gusto aquí.

Otro ejemplo:

—No, de verdad no quiero casarme, ya he estado casada dos veces y no funcionó. Esta vez sólo quiero que vivamos juntos.

—Vamos, vamos, será fabuloso —contesta el Fantasioso, mientras piensa que ella ya cambiará de opinión.

¿Qué pasa en realidad?

Por lo general la persona fantasiosa se ha criado en una familia en la que o bien existía una mentira o alguien vivía fantaseando todo el rato. En algunos casos los demás familiares conocían dicha mentira o fantasía, en otros no. Pero sea como sea, la energía del engaño vibraba en el ambiente familiar. *La herida emocional del Fantasioso es el engaño*, y su manera de compensarla o de sobrevivir a ella es fantasear.

Sharon se crió en una familia «normal de clase media», en la que sus padres parecían ser muy felices. De hecho se ayudaban mucho el uno al otro. El padre siempre se responsabilizó de mantener a la familia y se preocupó de que a sus tres hijos no les faltara de nada. No obstante, algunas temporadas bebía demasiado, y de tanto en tanto salía de juerga con sus amigos y al volver a casa borracho maltrataba verbalmente a sus dos hijos pequeños. La madre fingía no darse cuenta de ello, y siempre elogiaba a su marido delante de los niños, alabando su papel como cabeza de familia. Cuando él reprendía a los niños, y les decía que eran unos perezosos inútiles, ella se evadía preparando un pastel al horno o poniéndose a trabajar en el jardín; después, al mediodía, cuando los niños se sentaban a comer un tanto asustados, ella hablaba sin parar de lo felices que eran.

Sharon, que nunca fue objeto de los malos tratos verbales de su padre, creció en el aura de las fantasías de su madre respecto a la familia perfecta y siempre ha tratado de reproducirla en su vida. A ello se debe que a su marido le pasara por alto ciertos problemas de comportamiento bastante evidentes, y que, después de su divorcio, no haya dejado de hacer lo mismo con los hombres con los que ha salido: un alcohólico, un avaro, el que le dijo desde el principio que no estaba interesado en ella y aquel que salía con otra mujer al mismo tiempo que la cortejaba a ella. Sin embargo, pese a todo esto, ella siempre fantasea con que la relación será perfecta, seguro, el próximo mes, cuando sus hijos se hagan mayores, cuando él encuentre un trabajo mejor, o después de hacer esas vacaciones en Hawai.

Un caso más evidente de los tipos de mentiras que se pueden dar en una familia es el de Kay, cuyo padre jamás reconoció que su mujer era una alcohólica; siempre se refería a ella como «mi alegre chica», y mientras tanto los tres hijos sabían que cuando llegaran a casa del colegio a las tres de la tarde, ya estaría sentada detrás de su vaso de whisky. Entonces a medida que pasaban las horas, cuando se ponía a preparar la cena medio aturdida y cada vez más contenta, comenzaba a hablar de los fabulosos trajes que se compraría y de los maravillosos cruceros que haría.

Algunas noches, cuando el padre llegaba tarde del trabajo desde Nueva York, ella les sugería que compraran un monito y le tiñeran el pelo de rojo. «¿No sería fantástico tener un mono? Yo podría llevarlo a la esquina o ir a la feria para exhibirlo. Así tendríamos muchísimo dinero y podríamos ir a donde quisiéramos a pasar las vacaciones de verano.»

Aunque la idea del mono no la repetía todas las tardes de borrachera, salía a relucir con la suficiente frecuencia como para que los hijos más pequeños e impresionables comenzaran a imaginarse que algún día aparecería de verdad. Cada niño, a su manera, tenía dificultades para enfrentar la realidad. Kay se imaginaba que se casaría con un hombre muy rico que estaría en casa todo el día para «jugar» con ella; y así lo hizo, se casó con un abogado muy próspero, aunque la enfurecía que él no se tomara varios meses para pasar con ella unas fabulosas vacaciones; al final, frustrado por su insistencia y su falta de realismo, él la dejó. Paul, su hermano menor, se imaginaba que se casaría con una mujer rica y que nunca tendría que trabajar. Y Lila, la menor, se casó con un alcohólico del que siempre decía: «Está a punto de iniciar su propia empresa». Al final, los tres necesitaron años de terapia para poder mantener sus expectativas en las relaciones dentro de ciertos límites.

Otros fantasiosos proceden de hogares en los que se esconde una mentira dolorosa. Chuck tenía dieciséis años cuando se enteró de que era adoptado; una noche que llegó tarde a casa después de una juerga a base de drogas y alcohol, su padre le dijo a gritos: «Me da igual que pases fuera toda la noche o que te metan en la cárcel. Después de todo no eres hijo mío». Aunque muchas veces de pequeño su padre le había dicho que era un iluso por quererse construir un coche o una barca, o por pensar en viajar a Europa y recorrerla en moto, él continuaba estirando los límites de la realidad, ya que intuitivamente presentía la mentira en que vivía.

Después, su problema con las relaciones fue tocar la realidad. Se casó, tuvo dos hijos y se fue a vivir con su familia a una comuna. Pero cuando su mujer le sugería que se buscara un trabajo de verdad, él le decía que podían vivir de la tierra. Se dedicó a cultivar verduras, aunque nunca lo había hecho antes. Siempre oscilaba entre la ilusión de vivir sin trabajar y que le sirvieran el mundo en bandeja y pensar en que trabajar no le serviría de nada. Sólo después de someterse a terapia, y sentir el dolor del engaño en que había vivido con respecto a su adopción, fue capaz de encontrar el trabajo de su vida y de reunir y mantener a su familia.

Mitch es otro fantasioso. Sus padres estaban locos por el dinero; compraban una propiedad que no podían pagar, imaginándose que harían un gran negocio, y luego, cuando las cosas se torcían, la vendían perdiendo dinero. Sin embargo, esta fantasía la recrearon una y otra vez hasta que la madre, cansada de las locuras financieras de su marido, lo dejó y después, incapaz de construirse otra fantasía o realidad para sí misma, enfermó de una gran cantidad de dolencias psicosomáticas y al final murió de cáncer relativamente joven.

En sus relaciones, Mitch siguió el ejemplo de sus padres en lo que se refiere a la falta de realismo; tan pronto les compraba regalos tremendamente caros en la primera o segunda cita a las chicas con las que salía (fantaseando con que pronto entrarían los dos en la puesta de sol cogidos de la mano), como esperaba que ellas lo llevaran de vacaciones a todo lujo y lo trataran a cuerpo de rey. Las chicas a las que mimaba se sentían desconcertadas con sus regalos, y las que él esperaba que lo mimaran lo consideraban un pesado presuntuoso y aventurero.

Una vez que una de sus amigas se fue de viaje de negocios a Australia, pagado por la empresa, él le sugirió que la podría acompañar, dándole a entender que ella asumiera los gastos de su pasaje. Aunque ella le explicó que el viaje era de trabajo, él insistió, algo enfadado, diciéndole:

—¿Cómo me vas a dejar aquí? Me echarás de menos.

—No tengo los mil doscientos dólares para el pasaje, y además, ¿por qué iba a querer llevarte conmigo? —contestó ella.

A eso él no supo qué contestar, pero de todos modos se marchó cabizbajo, porque ya se había imaginado proponiéndole matrimonio delante del teatro de la ópera de Sidney, y a su yo romántico fantasioso no le interesaban de ningún modo las mezquinas limitaciones de la realidad.

En algunos casos, la mentira en la que vive el Fantasioso tiene relación con la sexualidad de sus padres. Willis, cuyo padre era homosexual, aunque siempre lo ocultó, luchó toda su vida contra su inclinación natural, llevando continuamente chicas a casa para la aprobación de sus padres; al final se comprometió con una de ellas; pensó que si le prometía muchas cosas hermosas y una casa en un barrio elegante, no le daría mucha importancia al hecho de que él no sintiera ninguna atracción sexual por su persona. Sin embargo, pocos meses antes de la boda, la muerte repentina de su padre le permitió comprobar, después de revisar y ordenar su correspondencia, que éste había tenido un montón de amantes. Willis siempre había pensado que sería capaz de burlar su homosexualidad, pero al enterarse de la verdad con respecto a su familia, por fin pudo decirle a su novia quién era. Ahora vive en la realidad, con un hombre.

A estas personas se les ha hecho vivir una fantasía a edad muy temprana. Por eso *su problema emocional soterrado es la rabia*. Y como la mentira, fuera cual fuera, se mantuvo en secreto, no pudieron expresarla abiertamente. Mientras observaban a sus padres beber para olvidar, engañarse con respecto a su situación económica o su sexualidad u ocultar la verdad, tuvieron que mantener la boca cerrada o fingir que todo iba bien, tal como les decían ellos.

De pequeños esperamos que nuestros padres sean los que mantengan el suelo firme viviendo en la realidad; no consideramos que ese sea nuestro trabajo, y no lo es; por eso, cuando un niño descubre una mentira, una falsedad o una falta de realismo en la vida de sus progenitores, se siente traicionado emocionalmente. Esperamos que ellos nos proporcionen un mundo seguro, sepan cómo son las cosas y nos planteen una relación adecuada con la vida y sus realidades.

La reacción natural y correcta al engaño es la rabia, pero los hijos de estas mentiras están atrapados en un problema doble: si expresan su enfado se les dice que no hay nada de qué enfadarse, que todo va bien, y si intentan llamar a las cosas por su nombre, sus padres sencillamente lo niegan. En resumen, hagan lo que hagan, no pueden ganar, y por lo tanto poco a poco renuncian a expresar su rabia. Entonces, o bien deciden unirse a sus padres en sus fantasías («A lo mejor es divertido tener un mono»; «Igual ganamos un millón de dólares con el negocio de la próxima propiedad»), o empiezan a inventarse sus propias fantasías («No es cierto que sea homosexual; cualquier día esto se me pasará»). Las verdaderas traiciones que experimentaron en su infancia son el semillero de donde surge su incapacidad para llamar a cada cosa por su nombre y vivir la sencilla verdad de cómo son las cosas en realidad. Su tragedia es que nunca les enseñaron que la vida tal como es también puede estar llena de dicha.

Además, la represión de la rabia infantil legítima produce una mayor dificultad para expresarla en la edad adulta. Así pues, en lugar de enfadarse, los fantasiosos fantasean, y en lugar de enfurecerse por la forma como les vendaron los ojos o los embaucaron, se inventan su propia mentira. Y no sólo eso, sino que al aferrarse firmemente a sus fantasías, al final provocan que la otra persona exprese toda la rabia: «¡No pienso ir a la luna contigo, caramba!», grita la esposa frustrada. «¡No, no puedes comprar ese abrigo de piel con la tarjeta de crédito!», chilla el asediado marido endeudado hasta las cejas.

La curación llega cuando el Fantasioso logra conectar con su rabia por la sopa de mentiras que le vendieron de pequeño y aprende a expresar poquito a poco la rabia cuando surge.

La diferencia entre un Fantasioso y todos los demás

Todos tenemos esperanzas, ilusiones y sueños que deseamos compartir con nuestra pareja; no vivimos en ellos solos; los comentamos con la esperanza de que se hagan realidad por arte de magia, y no insistimos en que la otra persona nos acompañe por el camino de la irrealidad. Los sueños de un no fantasioso nunca nos cogen desprevenidos; los pensamos, comentamos y alimentamos juntos. En lugar de llegar a casa un día y encontrar en medio de la sala de estar el piano Steinway que no podemos pagar, hablamos de ahorrar para comprarlo, y de hacer realidad un sueño cuando es posible y realista.

Sin embargo, los fantasiosos dan saltos locos que suelen dejar una estela de caos: un día llegas a casa y descubres que tu marido la ha vendido para comprar un terreno pantanoso donde pretende construir un nuevo hogar; pero en ese momento no tenéis adónde ir, y las autoridades se resisten a daros el permiso de construcción porque las zonas pantanosas están protegidas. «No importa −dice él−, ya llegarán los papeles.» Estos soñadores desconectados de la realidad suelen asustar a sus seres queridos, los hacen sentirse invisibles porque no les consultan. El Fantasioso siempre deja caer de repente su idea, y si su pareja no la encuentra fabulosa o no está dispuesta a capitular, la tilda de aguafiestas.

En resumen, se creen que la vida hay que vivirla de un modo fantástico. Actúan como si se pudiera obviar la realidad, mientras que los demás pensamos que esa mezcla natural de lo espontáneo y extraordinario con lo ordinario es lo que hace tan interesante la vida y nuestras relaciones.

Lo que nos enseña el Fantasioso

Los fantasiosos nos invitan a pensar a lo grande. Nos enseñan que si nos atenemos demasiado a nuestras limitaciones, a como son y siempre han sido las cosas, a la cantidad de dinero de que disponemos en el banco o a la forma «normal» y «fiable» de hacer las cosas, nos estamos perdiendo la oportunidad de que ocurra algo mágico o extraordinario. En su creencia de que pueden transgredir las reglas, desafiar la gravedad y hacer lo imposible, nos estimulan a vivir los aspectos románticos, extraordinarios e inalcanzables de la vida, además de las realidades pragmáticas, vulgares y estables con que nos conformamos la mayor parte del tiempo. Nos recuerdan que por grandes que sean los factores en contra, a veces debemos soñar lo imposible.

Además, aunque la mayor parte del tiempo yerran el blanco, las veces que aciertan nos ofrecen las experiencias con que todos soñamos: en esas ocasiones volamos en primera clase, llegamos a Tahití y, después de veinte años, al final compramos la hermosa mansión de la colina. Soñando nos animan a vivir nuestros sueños, y haciéndolo aumentamos las posibilidades de que se hagan realidad. Al negarse a vivir en la realidad, nos ensanchan un poco nuestro mundo. Los demás podríamos continuar trabajando laboriosamente con las cosas tal y como son, pero estos románticos soñadores nos recuerdan que hay que poner la mira en las estrellas.

Por último, el optimismo y la esperanza son actitudes espirituales que todos hemos de cultivar si queremos progresar, no sólo en nuestra vida, sino también a la hora de solucionar los problemas del planeta a los que nos enfrentamos. Necesitamos aprender a esperar (a soñar en realidad) los buenos resultados, ya que de lo contrario, el miedo y la ansiedad nos paralizarán tanto que no haremos nada en absoluto. Los fantasiosos nos recuerdan que hemos de aferrarnos a esas actitudes profundamente optimistas, nutrir la visión sin límites capaz de acelerarnos el corazón y elevar nuestra alma.

Lo que el Fantasioso necesita aprender acerca de las relaciones

Si eres del tipo Fantasioso, lo que debes aprender sobre las relaciones es que encarando las limitaciones de la realidad encontrarás el auténtico y extraordinario placer de una relación. El realista sabe que se puede tener algo de lo que se desea, pero no todo. Sin embargo, el Fantasioso necesita comprender que la verdadera magia está más o menos entre la fantasía y la realidad. Una relación no es ni todo fantasía ni todo realidad. Y la paradoja es que la fantasía prospera cuando el Fantasioso está asentado en la realidad.

Por último, necesita saber que un verdadero amor vale toda una vida de fantasías.

Lo que puedes hacer para equilibrarte si eres un Fantasioso

1. Entra en el tiempo real

Parte del problema de los fantasiosos es que viven en un futuro mágico y no en el presente, lo cual no les deja hacer muchas cosas. Así pues, un ejercicio muy útil es que confecciones una pequeña lista sobre lo que vas a hacer hoy. No intentes «conquistar el mundo» y anota simplemente tres o cuatro cosas realistas, que de verdad puedas hacer hoy. Por ejemplo: «ir a trabajar, al gimnasio, a hacer ejercicio una hora, o meterte en la cama a las 10.30». Cuanto más asentado estés en la realidad, mejor podrás separar los sueños realizables de las fantasías cogidas por los pelos, y mayores serán las probabilidades de que por lo menos algunos de esos sueños se hagan realidad.

En segundo lugar, confecciona otra lista para contestar la siguiente pregunta: ¿Qué querrías hacer en los próximos dos años? Anota algunos objetivos concretos para: 1) tu trabajo, como esforzarte para obtener esa prima más sustanciosa, intentar que te asciendan a ejecutivo (en cuanto opuesto a presidente de la empresa) o aprender informática; 2) tu salud, como perder 5 kilos (no 15), dejar de fumar y empezar a caminar tres veces a la semana; 3) tus finanzas, como ahorrar 1.000 dólares para hacer unas buenas vacaciones o abrir una cartilla de ahorro.

Después haz la lista de planes para los próximos cinco años. Lo repito, estos son tus planes. ¿Hacia dónde va tu vida? ¿Dónde estás como persona centrada? No me refiero a «Voy a volver a Italia para casarme con esa chica que conocí en la Piazza de Roma un viernes por la noche», sino a planes realistas y lógicos para el futuro. Escribe cuatro objetivos que querrías alcanzar en los próximos cinco años. Por ejemplo: acabar de construir tu casa, comenzar a trabajar a media jornada para poder escribir ese libro infantil que siempre has deseado publicar, mudarte a una casa más pequeña para reducir gastos o volver a la universidad para sacar el título.

Cuanto más consigas centrarte en la *realidad en el tiempo*, mejor comprenderás que la vida tiene auténticos placeres que ofrecerte, objetivos realistas creados y conseguidos por ti. Y cuanto más realista seas, mejor podrás desarrollar y llevar a cabo, de verdad, los planes fantásticos o mágicos que le den a tu vida el color y la emoción que anhelas, ya que una fantasía vivida vale cien veces más que aquellas en las que lo único que haces es fantasear.

2. **Pregúntale a la otra persona, ya sea tu cónyuge, tu novio o novia o tu amante, quién es, cómo es y qué desea en la vida. Y créete lo que te diga**

Esta es una manera de verificar la realidad para el Fantasioso, ya que normalmente no desea averiguar nada acerca de la persona con la que sale o de su pareja porque eso podría dejar al descubierto la locura de su fantasía. Si tu fantasía es tener dos hijos y el hombre del que acabas de enamorarte se ha hecho la vasectomía, sería conveniente que le preguntaras si ha considerado la posibilidad de rectificar. Y si tu novia no soporta las alturas, le da miedo viajar en avión y en realidad lo único que quiere es quedarse en casa y cultivar verduras biológicas, mientras tú sueñas con ir al Nepal, quizá tengas que renunciar a esa fantasía de escalar el Everest con ella.

El Fantasioso alimenta sus fantasías desentendiéndose de la realidad. Por eso, si prestas atención a lo que te dice tu pareja, como verificadora de la realidad, sabrás con qué fantasías puedes seguir adelante. Si tu novio te dice que no quiere tener hijos, créele. Si la mujer que amas no desea vivir en una cabaña en la montaña, en las afueras de la ciudad, tómala en serio; no está bromeando. Si el hombre con quien sales te dice que ha estado casado cuatro veces y que no quiere volver a pasar por eso, lo más probable es que lo diga en serio. Si la mujer de tus sueños (o de tu fantasía) te dice que los 5.000 kilómetros de distancia que os separan os ponen en la lista de geográficamente inadecuados, hazle caso. Y si el mejor amigo de tu hermano, con quien has salido dos veces, te dice que sólo desea ser amigo tuyo, y no tu novio, por doloroso que te resulte, créele.

Los fantasiosos necesitan encarar la verdad aunque les cueste. Igual de destructivas que resultaron ser las mentiras o fantasías que hubo en sus respectivas familias, lo serán ahora en sus relaciones. Deben comprender que su seguridad vendrá de vivir en la verdad.

3. Abandona tu complejo de salvador

Lo creas o no, muchos fantasiosos tienen en el fondo el complejo de salvadores. Esto se debe a que viven en un mundo de pensamientos mágicos. Creen que son capaces de cambiar a cualquier persona o circunstancia, que de algún modo la realidad se va a doblegar o someter a ellos, que el cielo no es el límite, y que todo va a salir por arte de magia. La otra cara de esta creencia en la magia es su visión egotista de que son capaces de hacerlo. Pero para ellos esto no es un proyecto o trabajo consciente, como en el caso de los perfeccionistas, sino más bien un cambio que se producirá porque sí: «Será un hombre fabuloso cuando deje de esnifar cocaína, y sé que lo hará», o «Un día de éstos dejará de comportarse como una histérica y nuestro matrimonio será maravilloso». Y cuanto más fantasean con el cambio mágico de la vida, más se desconectan de la realidad.

Por lo tanto, el remedio para detener ese fantaseo descontrolado es volver la atención a la propia vida y centrarla en ella. ¿Qué deseas? ¿Qué necesitas en este momento? Si quieres que tu novia entre en la puesta de sol cogida de tu mano, tal vez te convendría descubrir qué puesta de sol deseas ver y cuánto dinero te va a costar.

Los fantasiosos deben centrar la atención en el camino siempre en despliegue de su vida, y comprender que poco a poco, y a medida que avanzan, la vida les ofrecerá placeres únicos y satisfacciones verdaderamente profundas.

4. Pasa de las ensoñaciones a la objetividad

Para hacer este cambio haz algo sólido y positivo en tu vida. En lugar de imaginar que encontrarás a una mujer rica que te respaldará en tu profesión, ponte a trabajar y comienza a dar los pasos necesarios para forjarte tú mismo esa profesión. En lugar de imaginar que te vas a enamorar de un hombre que podrá comprarte diamantes y perlas, con el que nunca volverás a tener un momento de desasosiego, haz una lista de las diez cosas que te procuran placer y satisfacción en estos momentos y comienza a trabajar para conseguirlas. ¿De verdad necesitas diamantes y perlas, o te iría mejor un disco compacto o un paseo por la playa? Es posible que mientras trabajas por tus intereses conozcas a una persona real, viva, que los comparta contigo y que pueda ofrecerte verdadero apoyo y aliento. O incluso que encuentres a una persona con quien puedas compartirlos toda la vida.

Los fantasiosos no deben olvidar que más vale un pájaro de verdad en mano que ciento imaginarios volando. Es mucho más satisfactorio conocer a una persona de verdad que se revela tal y como es que todas las que puedas crear en tus fantasías.

5. Aprende a sentir la rabia y comienza a expresarla

En primer lugar, comienza por decirte (y repetirte) que estás rabioso, enfadado, ya que el mero hecho de decírtelo te permitirá comenzar a identificar estos sentimientos. En segundo lugar, tres o cuatro veces al día, más o menos, hazte la siguiente pregunta: «¿Por qué estoy rabioso?», y contéstala. Al principio esto quizá te parezca absurdo; seguramente tu inclinación natural será decir: «Por nada». Pero si mantienes la atención centrada en tu posible rabia, verás que hay unas cuantas cosas no muy importantes que te la producen, como, por ejemplo, que tu novio no te haya llamado aunque te dijo que lo haría, que tu jefe hiciera esos desagradables comentarios, o que por la mañana tus vecinos te despertaran porque se pusieron a cambiar las tejas viejas.

Más adelante, este proceso te llevará a cosas más importantes que seguramente te han afectado en mayor medida, y por las cuales también sientes rabia: como por ejemplo, que tu padre nunca te elogiara, que tu madre fuera una histérica compulsiva, o que nunca lograras hacer estudios superiores. Tomar conciencia de por qué sientes rabia puede cambiarte la vida, ya que esa rabia es precisamente lo que estás evitando afrontar con tu vida de fantasía.

Por último, pon estas cosas por escrito; esto lo puedes hacer en cualquier fase del proceso, con las irritaciones leves o con las grandes decepciones; sólo hará que asentar en tu conciencia *tu derecho* a enfadarte, a sentir la rabia, y te servirá para pasar de la fantasía a la realidad. Las personas que no saben enfadarse no tienen manera de vivir en la realidad; son incapaces de defenderse. Cuanto más conectes con tu rabia más capaz serás de vivir en el mundo real.

6. Siente el dolor del engaño o la mentira de tu infancia

Puesto que en gran medida tu tendencia a fantasear surgió como reacción a una mentira o un engaño de tu infancia, sentir y tratar el sufrimiento que te causó esa experiencia te volverá a la realidad y abrirá tu corazón al amor.

Destapar ese engaño es el primer paso. Ya sea que necesites la ayuda de un terapeuta para descubrirlo o sepas que es el momento de enfrentar una verdad que siempre has sabido pero has eludido, da ese paso ahora. Si tus padres siempre negaron tu adopción, haz que te digan la verdad. Si uno o los dos padres eran alcohólicos, enfréntalo y trata el tema con ellos, estén o no dispuestos a hablar de esa verdad contigo; únete también a un grupo de apoyo (Alcohólicos Anónimos, por ejemplo) para que te ayude a vivir esta verdad.

Después, una vez que hayas enfrentado la mentira con la que has vivido tanto tiempo, permítete sentir el dolor que te produjo. Es muy probable que para hacer esto necesites la ayuda de un terapeuta o de una persona prudente y comprensiva, como por ejemplo tu pareja. Siente la rabia, llora y a partir de ese momento comienza a decir siempre la verdad.

Meditación para el Fantasioso

Hoy intentaré vivir en la realidad para ver la diferencia entre las satisfacciones del amor de verdad y mis incesantes fantasías. Sácame de lo irreal para entrar en la realidad y encontrar la verdadera alegría en ella. Permíteme que comience a ver que la vida es buena y hermosa tal y como es. Permíteme ver el poder de un avance ininterrumpido hacia mi objetivo y los sencillos placeres y logros del día.

Afirmaciones equilibradoras

La vida no es un sueño, ni es mis fantasías.
Más vale pájaro en mano que ciento volando.
La realidad es suficientemente buena.
Vale la pena trabajar por objetivos.
El amor es real.

8
El Controlador

«Lo he hecho a mi manera.»

De los tipos de personalidad en el amor, el Controlador es el que asume el mando. Competente y seguro de sí mismo, tan pronto como entra en una situación comienza a dirigir las cosas. Con frecuencia autodidacta (el licenciado en letras que acaba diseñando casas, el que después de abandonar los estudios se convierte en director de mercadotecnia en una empresa de las Fortune 500), el Controlador es fabuloso para entender el cuadro grande de cualquier sistema, para decidir qué puesto desea ocupar en él, y para hacer todo lo necesario a la hora de conseguirlo. Le encanta estar al mando de muchas actividades y personas, y por lo general le cuesta muchísimo delegar responsabilidades, e incluso tomarse unas vacaciones; teme estar desconectado de cualquier cosa.

Al igual que el Perfeccionista, tanto en el trabajo como en las relaciones, tiene ideas muy firmes respecto de cómo deben hacerse las cosas, pero mientras el objetivo del Perfeccionista es la perfección (no cometer errores, lograr un ideal invisible), el del Controlador es ser el jefe; le interesa menos hacer las cosas bien que tener el mando y continuar en él, ya se trate de un proyecto de 20 millones de dólares, de la educación de sus hijos o de cómo viste y come su pareja. Por lo tanto, siempre tiene que estar «enterado» de todo: en el trabajo, de los cotilleos de la oficina, de quién almuerza con quién..., y en familia, de las idas y venidas de su cónyuge y sus hijos, de quiénes son sus amigos, de cómo pasan el tiempo, de qué aprenden en el colegio, etcétera. En casa le gusta llevar las riendas cortas en todas las actividades, y en el trabajo le encanta ofrecerse para cualquier tarea nueva, porque eso le permite estar más informado de lo que pasa y aumentar aún más el alcance de su control.

Lo fascinante de los controladores es que por lo general no es su predilección por dirigirlo todo lo que primero ve uno en ellos. La mayoría tienen por lo menos una cualidad muy prominente que atrae la atención: ingenio, muy buena apariencia, aspecto tranquilo, o incluso un encanto hechicero. Estas características las tienen tan desarrolladas y son tan cautivadoras que las personas que se sienten atraídas por ellos no se dan cuenta de que bajo esas cualidades hay un deseo de dominar que es aún más fuerte.

Fred, por ejemplo, un ingeniero, muy guapo y autodidacta, que ha logrado prosperar en la muy competitiva industria aeroespacial, gracias a una combinación de mucho trabajo, inteligencia natural y saberse mantener cerca de los poderosos de su empresa, es quien dirige en casa el gallinero. Controla el modo de vestirse de su mujer y los horarios de las comidas y vigila muy atentamente la educación y recreación de sus tres hijos. Un día que su mujer apareció con un vestido rojo para asistir a una fiesta de la empresa, él la envió de vuelta a la habitación a ponerse un traje azul marino; cuando su hijo Joseph llegó a casa diciendo que quería ir a un determinado campamento de verano, porque allí irían todos sus amigos, él rechazó inmediatamente la idea, argumentando que no era el apropiado. De un modo u otro, Fred tiene siempre algo que decir acerca de todo; y si no lo dice en voz alta, lo hace poniendo cara larga hasta que todo el mundo se da por enterado de que sería mejor hacer las cosas a su manera.

También hay mujeres controladoras, tanto en el trabajo, al igual que los hombres, como en casa. Yvonne era una excelente cocinera y le encantaba preparar comidas para su novio, Chris. Él disfrutaba mucho con sus platos, y se los agradecía tanto que siempre, cuando acababa de comer, se levantaba de un salto para ofrecerse a ayudarla a lavar los platos. «No, no te molestes», decía ella y le cerraba el paso para que no entrara en la cocina.

Entonces se peleaban, ya que él se sentía desconcertado porque lo único que quería era ayudarla. Al final, un día ella le dijo: «No soporto tenerte en la cocina; dejas los platos en cualquier parte y lo desordenas todo». Lo que quería decir era que él no lo hacía exactamente como ella.

Yvonne era una Controladora. Quería que la cocina estuviera tal y como ella la tenía, y por lo tanto era mejor que Chris no entrara allí. Controlar era más importante para ella que tener ayuda. Cuando él comprendió que no le necesitaba para recogerlo todo, aceptó más relajado el regalo de sus excelentes comidas, sin embargo, también comenzó a notar que ella quería imponerse en muchos otros aspectos de la relación. Le impuso demasiadas cosas no negociables: no podía hablar con él después de las diez de la noche; sólo salía las noches de los viernes y los sábados, ya que las demás tenía que dormir para conservar su cutis; no quería que él conociera a su madre; si tenían que presentarse en público le elegía la ropa que se pondría; el papel higiénico tenía que colgar por delante, y un largo etcétera. Con el tiempo, Chris se hartó de tantas exigencias controladoras y cortó con ella.

Signos reveladores del Controlador

- Le gusta dirigir.
- Es fabuloso para seguirles la pista a todos y a todo.
- Atrae por esa actitud de responsabilidad.
- Manipula el tiempo y las circunstancias para poder estar al mando.
- Piensa que hay una manera correcta de hacerlo todo, y sabe cuál es.
- Le cuesta delegar.
- Es poderoso y le fascina el poder.
- Todo problema en una relación lo considera una cuestión de control.
- Le gusta la emoción de la batalla por el mando.

Una mirada con más detenimiento: Características distintivas del Controlador

1. Le gusta estar al mando

El placer más puro para estas personas es estar al tanto de todo, y saber qué pasa, dónde y cómo están las cosas. Aunque «tenerlo todo controlado» y estar al mando no siempre les produce euforia, como mínimo sienten una agradable sensación de bienestar. Se sienten como un rey o una reina cuando los asuntos de sus dominios van sobre ruedas y pueden estar orgullosos, satisfechos y percibir el poder. Una vez entronizados, todo va bien en el mundo.

Los controladores siempre tienen una manera de hacer algo y una respuesta para todo. Sea evidente o no su método para controlar, cualquier cosa que se haga ha de hacerse a su manera y a su tiempo. Toman el mando, y dejan bien claro cómo debe hacerse todo, ya que ellos tienen una forma muy clara y definida de hacer las cosas. A veces lo dicen y otras veces ponen cara larga para dejar bien sentado que no se está haciendo lo que desean. En el caso de la toma de decisiones, si la otra persona se mantiene en sus trece, simplemente pasan por encima de ella y hacen lo que sea que tengan que hacer, aun cuando los dos hayan tomado previamente la decisión de hacer otra cosa. De un modo u otro la otra persona entiende que es su manera de obrar y que vale más hacerlo así.

Un Controlador que conozco, después de haber acordado con su mujer el coche que se comprarían (un Jeep Cherokee, para que cupieran sus hijos), fue al concesionario y se quedó con el Miata rojo de dos plazas que le gustaba. Después, cuando a ella le dio el ataque de ira, él le dijo que perdería mucho dinero si lo devolvía, por lo que lo mejor sería quedárselo. Así, al igual que muchos otros controladores, ya sea porque hagan caso omiso del otro, actúen a sus espaldas o armen una pelea a gritos, al final él se salió con la suya.

2. Nada queda fuera de su zona de dominio

A diferencia de los perfeccionistas, que tienden a centrar la atención en un aspecto e intentan perfeccionarlo (una casa, una relación, sus bíceps o su psique), los controladores llevan su «pericia» a todos los ámbitos de su vida, aunque no sean expertos en algunos de ellos. Siempre tienen una «opinión», sobre cómo debe colgarse la lámpara, qué trabajo te conviene, si debes o no usar sombra de ojos, cómo deben portarse tus empleados, por qué a su suegra le conviene hacerse un estiramiento de piel, y de una u otra manera, uno siempre acaba, a pesar suyo, haciendo lo que quieren o aceptando las consecuencias.

Con el fin de descansar un poco de su controlador marido, Rick, Jennifer decidió encerrarse cada noche en su estudio, después de acostar a los niños, a leer durante una hora. La primera noche lo consiguió, pero la segunda, cuando él advirtió su ausencia, se fue a la tienda de vídeos a alquilar una película y «accidentalmente» chocó contra un coche en el aparcamiento, y ella tuvo que ir a buscarlo. Y así, noche tras noche le ocurría algún percance; cada vez que Jennifer intentaba reservarse un tiempo para sí misma, él tramaba alguna crisis: una noche se clavó casualmente un alfiler en el pulgar, otra, perdió las llaves del coche, etcétera. Al final no consiguió tener ni una sola hora para ella, porque Rick siempre debía saber (léase controlar) qué estaba haciendo.

3. Tiende a considerar todo problema en la relación una lucha de poder

En lugar de considerar la relación un dar y recibir, comunicación mutua de sentimientos y preferencias, un proceso de concesiones recíprocas, los controladores ven todo problema o desacuerdo como quién va a ganar.

Jack llevaba meses repitiendo que deseaba llevar a Mariel de vacaciones; por fin un día la llamó para decirle que lo tenía todo preparado: saldrían a las cuatro de la mañana, viajarían ocho horas en su camioneta hasta las montañas, pasarían la noche en su tienda de campaña y al día siguiente se levantarían temprano para hacer una excursión de diez kilómetros. Sin molestarse en preguntarle siquiera si ella podría estar preparada a esa hora, y mucho menos si le apetecía la aventura, se limitó a decirle:

—Estoy entusiasmadísimo. Prepara tus cosas.

—Pero..., pero es que no estoy segura de querer ir —alcanzó a decir ella.

No sabía muy bien si estaba en forma para hacer esa caminata de diez kilómetros, si se sentiría segura en una tienda toda la noche, si le darían permiso en el trabajo para irse de vacaciones y si le apetecía viajar ocho horas en una camioneta. Pero esas eran las vacaciones planeadas por Jack, y él lo había dispuesto todo.

Un rato después lo llamó para exponerle sus dudas.

—Bueno —dijo él—, entonces supongo que no quieres ir.

—No, no es que no quiera ir, pero me gustaría que lo habláramos un poco más, porque tengo algunas dudas sobre mi bienestar y mi comodidad. Malhumorado, él fue inmediatamente a verla a su casa.

—De acuerdo, estoy dispuesto a escucharte.

Después de que ella le explicara sus dudas e inquietudes respecto al viaje, él comentó:

—Ah, entiendo. O sea que tú quieres controlar nuestras vacaciones.

—No, no quiero controlarlas. Simplemente quiero tener voz y voto en la decisión.

Como demuestra este ejemplo, para la mayoría de los controladores una relación no es otra cosa que un campo en el que dos personas están constantemente compitiendo por el poder. Jack no comprendía que el deseo de ella de participar en la decisión no fuera una necesidad de controlar. De hecho, como reconoció después, el concepto de que otra persona interviniera en una decisión era algo que casi no podía imaginar.

4. Suele mantener el poder mediante intimidación o amenaza

A veces la intimidación es directa, como en el caso del hombre que pega a su mujer y/o a sus hijos por no hacer lo que él quiere. Pero normalmente es algo más sutil, tan sutil que la otra persona no se da cuenta de que la están amenazando. Al parecer los controladores ejercen una fuerza que de alguna manera obliga a que se haga su voluntad, por extraño que esto pueda parecer. Se plantan delante como un objeto inamovible, y no hay razonamiento, súplica, desacuerdo, lágrimas ni amenazas capaces de afectarlos. Después de estar un tiempo relacionada con un Controlador, la persona simplemente sabe que, sea cual sea la situación, no puede ganar.

Por ejemplo, Karen, una mujer morena muy atractiva, tenía continuamente problemas con su marido, Ken, por quererse poner maquillaje. Él insistía en que le gustaba su belleza natural, que a veces tildaba, con cierto tono jocoso, de «campesina». Y aunque le decía que evidentemente podía «hacer lo que quisiera», la manipulaba sutilmente adoptando la postura de ser él quien le concedía el permiso, ya que le decía que sin maquillaje «era más su tipo de mujer». Por la forma como expresaba su opinión, ella recibía el enérgico mensaje de que actuar en contra de sus deseos sería buscarse su desagrado extremo, o posiblemente perderlo a favor de una «verdadera belleza campesina», puesto que ese parecía ser su ideal.

Una noche, pese a las preferencias de él, Karen decidió maquillarse para ir a una reunión con sus ex compañeros de colegio; quería verse como la recordaban ellos. Entonces, cuando bajaron del coche, sin decir una palabra y haciendo como si tuviera algo en el labio, Ken sacó su pañuelo y le quitó toda la pintura. Así pues, pese a su empeño en tomar una decisión independiente, en el último minuto, él tomó el mando.

En algunos casos, la amenaza que hay bajo la superficie es en realidad violencia física. Es muy sencillo: uno hace lo que el otro quiere por miedo al daño físico. En otros casos, la amenaza es el abandono: haz lo que te digo o te dejaré. Y en otros casos la amenaza tácita es el maltrato verbal: lanza una diatriba que no puedes contener, o machaca su posición hasta que te hace polvo y te ves obligado a ceder.

Expresen o no francamente sus amenazas, la otra persona siempre se siente intimidada. Y esa intimidación es la fuerza invisible que obliga a hacer lo que sea que quieren que uno haga.

Por qué amamos a los controladores

Los controladores atraen por motivos que no tienen nada que ver con su predilección por mandar, como por ejemplo, medir 1,90 m, ser muy amenos, proceder de una familia excelente, tener un puesto de poder o poseer una lancha motora.

Aunque también nos gustan porque están dispuestos a controlarlo todo. A muchas personas, sobre todo a las complacientes, les cuesta muchísimo tomar decisiones y saber qué hacer: dónde vivir, qué trabajo buscar, qué casa comprar. Por lo tanto, la intervención de un Controlador les hace la vida más fácil, ya que enseguida asumen el mando y les dan la solución. Si los demás están cansados, ellos se encargan de todo. Si no logras decidirte, ellos deciden por ti. Si no sabes cómo hacer algo, ellos sí, o de lo contrario, muy pronto lo averiguan. Si prefieres la pasividad y dejar que la vida se despliegue, no te preocupes, ellos te la desplegarán. Si no sabes cómo llegar a la fiesta, ellos lo resolverán, y en caso de que no conozcan el camino, comprarán un plano. Es un inmenso alivio que otra persona tome las decisiones, decida lo de las vacaciones, planee el futuro y nos dirija la vida.

Otro motivo de que nos gusten los controladores es que son poderosos y carismáticos. Son los generales, los gerentes, los que toman el mando. El mero hecho de estar en su presencia suele inyectar energía; están conectados con lo que sucede, y dado que siempre les gusta mandar, elegir entre esto o aquello, y que haya un ganador y un perdedor, hacen que la vida a su lado resulte bastante movidita. Con ellos siempre hay una postura que tomar, una posición que afirmar, una controversia que solucionar y una batalla que ganar. Y puesto que están en el centro de la acción, estar a su lado resulta bastante interesante.

Cómo nos irritan

A sus posibles parejas lo que no les gusta de los controladores es justamente el hecho de que siempre estén al mando de todo. A veces, en algunos aspectos, a los demás nos gustaría tener voz y voto, poder opinar, o que algunos aspectos de nuestra vida no estuvieran tan controlados, cosa que el Controlador no puede tolerar.

Otro motivo de que no nos gusten es que nos asustan, e incluso nos aterran. Sean agresivos y directos, o sutiles y manipuladores en sus maniobras controladoras, su mensaje nos hace temblar, nos dejan con el espíritu roto.

Margaret, una mujer muy dulce, madre de tres niños pequeños, estuvo casada muchos años con un Controlador reposado pero muy exigente. Con el tiempo llegó a tenerle tanto miedo que, después de mucho tiempo de oírle interrogar a sus hijos a la hora de la cena (estaban tan asustados que poco podían decir de lo que hacían en la escuela), lo único que podía hacer era prepararlo todo, poner la mesa y marcharse a la habitación con un terrible dolor de estómago. Se sentía tan controlada que llegó a ponerse enferma.

Otra forma que tienen de irritarnos es sacándonos de nuestras casillas. Esto se debe a que viven poniéndonos dentro de un campo de fuerzas invisibles en el que nos vemos obligados a hacer algo, en parte o totalmente, en contra de nuestra voluntad, sin que haya manera de discutirlo entre los dos. «¿Qué quieres decir con eso de que te obligué a comprar la casa? Sabes muy bien que es la única por la que nos daban el préstamo.»

Los controladores trabajan en la superficie reorganizándonos la vida con maquinaria pesada, o por debajo poniéndonos pinzas en la psique, de un modo que nosotros jamás podríamos explicar, ni demostrar, en un millón de años, que lo han hecho. Nos hacen dudar de nuestras percepciones, minan nuestras capacidades y anulan el proceso por el cual, con el tiempo, podríamos descubrir nuestros gustos y aversiones y desarrollar nuestras propias preferencias.

Tampoco nos gustan porque, al exigirnos que vivamos en medio de una constante lucha de poder y en un mundo de temor, nos provocan la sensación de que el mundo no es un lugar amistoso. No podemos relajarnos, dar nuestra opinión ni esperar consenso ni concesiones mutuas, ni mucho menos llegar a un sentimiento de unión. Nos muestran un cuadro de la vida que inspira miedo, y el mundo como un lugar peligroso. En su peor aspecto, como en los casos de agresores emocionales y físicos, nos hacen dudar de que Dios continúe en el cielo y de que algo marche bien en la tierra.

¿Qué pasa en realidad?

La paradoja es que el Controlador, que da la impresión de ejercer tanto poder en las relaciones, actúa a partir de una sensación de absoluta impotencia.

El poder es uno de los atributos naturales del ser humano. Cada uno de nosotros tiene su forma de poder única, ya sea un talento evidente, como el don para escribir o pintar, o un talento más sutil y difícil de identificar, como el de curar o el de la intuición. Es esencial que todos reconozcamos el poder que tenemos, porque al fin y al cabo ese es el regalo que le hacemos al mundo. La interrupción u obstaculización del desarrollo del sentido de poder en el niño, por parte de sus padres, tiene consecuencias desastrosas, que pueden extenderse a las siguientes generaciones en la forma del continuado hábito de controlar.

Por lo general, el tipo Controlador procede de una familia en la que o bien uno o los dos padres eran muy dominantes y controladores o había una constante lucha de poder. *Su herida emocional está en la zona de su poder*; en psicología, a este tipo se le llama «agresivo» o «agresivo pasivo».

De hecho, a estos niños se les frustró de algún modo el proceso normal de desarrollo de su poder personal. El padre que le dice a su hijo: «Vamos a jugar al béisbol», y cuando llegan al campo, antes de comenzar a jugar, añade: «Nunca serás tan bueno como yo», lo que está haciendo es obstaculizar su desarrollo sano del sentido de poder y maestría. «Jamás lo conseguirás», le dice al niño antes de que éste tenga la oportunidad de desarrollarse.

Este tipo de competición, sea sutil y encubierta o directa y abierta, estorba y mina continuamente el desarrollo del niño, hasta que éste, desanimado y frustrado en su lucha por lograr un sentido legítimo de su poder, recurre a intentos sutiles y no tan sutiles de conseguir la única forma de poder que le queda disponible: controlar.

Controlar es una forma de poder de segunda clase. Es el poder con el que uno se conforma cuando ha fracasado en desarrollar el poder *intrínseco*, y se expresa a través de una agresividad directa («Te pegaré si no haces lo que quiero») o una agresividad pasiva y encubierta («Nunca jugaré bien al béisbol; mi padre siempre será mejor que yo. Pero si dejara mi guante en el rellano, podría sentirme un poquitín poderoso al verlo tropezar y caer escaleras abajo»). Evidentemente todo esto es un proceso inconsciente, pero el Controlador no tardará mucho en intentar dominar a las personas de su vida mediante la agresividad, activa o pasiva. Es su única manera de tener la sensación de poder.

La necesidad de controlar representa una capacidad no realizada, un talento desatendido o quitado de en medio (probablemente por un progenitor que tampoco se realizó en su día), y esta es la tragedia del Controlador. Así pues, en lugar de animarlo cuando practica algún deporte, aunque a él ya se le haya pasado la ocasión de hacerlo, el padre controlador mina el talento natural de su hijo.

Y lo peor es que este hábito de controlar, provocado por la experiencia de control y maltrato que hubo en su familia, se transmite de generación en generación. David, por ejemplo, es un Controlador. Su padre ganaba millones alquilando viviendas de ínfima calidad a precios exorbitantes, así que tan pronto como cumplió los trece años lo envió a cobrar cada mes el alquiler, y si no lograba que los arrendatarios le pagaran, lo azotaba cruelmente. El problema de su padre era que de pequeño había deseado ser músico pero la prematura muerte de su padre le impidió realizar su sueño, y se dedicó al negocio inmobiliario para mantener a la familia. Después, cuando en el colegio David demostró tener dotes para el violín, esto fue tan doloroso para él que no le permitió estudiar el instrumento y comenzó a enviarlo a cobrar los alquileres.

Aunque David juró que jamás golpearía a sus hijos, a los veintitantos años ya usaba regularmente sus puños para imponerse a su mujer y a sus hijos, reactivando así este doloroso ciclo.

Naturalmente, el maltrato verbal y físico, así como otras formas de control o dominio menos drásticas, provoca sentimientos de rabia en los niños. En realidad, la rabia es la reacción emocional normal al exceso de control; pero en una familia en que un progenitor dominante es amenazador, violento, o encarna la fuerza sutilmente intimidadora del control, el niño no puede expresarla, y entonces su herida es doble: por un lado se frustra, niega o reprime el desarrollo de su poder, y por otro también se niega su rabia. Puesto que la rabia es la emoción por la que protegemos nuestros límites y nos enseñamos mutuamente a tratarnos bien, es esencial que durante el proceso de desarrollo aprendamos formas sanas de expresarla. Por desgracia, los controladores son incapaces de hacerlo, así que expresan la rabia por su impotencia de la única manera que pueden: mediante un control agresivo activo o agresivo pasivo.

A veces esta sensación de impotencia no está causada por la continuada intervención de los padres, sino por circunstancias tan abrumadoras que los padres se sienten absolutamente impotentes; cuando no tienen adónde ir, ninguna solución a la vista, descargan la rabia sobre sus hijos. Esto suele ocurrir en circunstancias de pobreza extrema, o en épocas de frustración o derrota personal (por ejemplo, pérdida del empleo, una lesión física o una enfermedad debilitadora). Habiendo perdido su poder, estos padres golpean a sus hijos o los controlan de diversos modos. En el momento de furia, el progenitor impotente se siente repentinamente poderoso; expresa la rabia reprimida y por el momento nota un cierto alivio; y esto es así sea cual sea la forma de maltrato controlador (verbal, físico o psíquico), porque controlar o dominar a otra persona siempre produce el alivio fisiológico de haber experimentado por fin cierto tipo de poder. Cuando esto ocurre en una familia, el niño maltratado no sólo se siente impotente para controlar al progenitor enfurecido, sino que también aprende, al haber sido controlado, la forma de agresividad que lamentablemente expresará más adelante a lo largo de su vida.

Dado que el poder y el control están tan entrelazados y son tan peligrosos en potencia, cualquier persona que haya estado controlada y decida romper esa cadena, se hace un inmenso regalo a sí misma y a todos los que se relacionan con ella.

La diferencia entre un Controlador y todos los demás

Seamos sinceros, a la mayoría nos gusta hacer nuestra voluntad y muchos somos capaces de presionar bastante para conseguir lo que deseamos. Pero lo normal es que, si preferimos, por ejemplo, un sofá marrón a uno azul, estemos dispuestos a hacer concesiones en bien del amor y la paz entre las personas. El Controlador, en cambio, es implacable en su insistencia a la hora de imponer su voluntad, y no se para en medios para conseguirlo, ya sea ganándose partidarios, alegando veinte razones lógicas, utilizando la intuición o simplemente haciendo las cosas sin consultar la opinión de nadie.

Otra característica que delata a un Controlador es su total falta de moderación cuando reacciona ante las situaciones. Ya se trate del restaurante a donde va a ir a cenar o de la casa en la que quiere vivir, todo se lo toma como un asunto de vida o muerte, y si no se sale con la suya las consecuencias son terribles (malhumor y quejas, e incluso violencia). Sencillamente es incapaz de dejar pasar algo; nada en su mundo puede escapar a su control.

Aunque la mayoría tenemos un buen número de cosas o

asuntos sobre los que nos gusta tener cierto control, responsabilidad o poder de decisión, para el Controlador todo es asunto suyo, y controla y vigila minuto a minuto el desarrollo de cada detalle. No sirve de nada decirle: «No te preocupes, cariño, esto saldrá bien, déjalo en paz», ya que él no puede dejar de vigilar y estar al tanto.

Lo que nos enseña el Controlador

En general, el control es algo bueno; mantiene en funcionamiento el mundo y todos los aspectos de la vida. La cara positiva del Controlador es que nos muestra la belleza de asumir el mando de nuestro mundo; también nos enseña, mediante su uso y abuso, todo acerca del poder, de cómo es necesario posesionarnos del nuestro si queremos hacer algo que valga la pena en la vida. Por ejemplo, nos enseña que es importante afirmar nuestro poder y no dejarnos pisar. En realidad, en presencia de un Controlador muchas personas han aprendido a defenderse o a decir no y mantenerse firmes, un regalo que nunca hay que menospreciar.

Puesto que son tan buenos para dirigir muchas cosas a la vez, también nos enseñan, con el ejemplo, que la vida es algo más que el pequeño rincón del mundo que estamos mirando en ese momento. Nos demuestran lo grande y compleja que es, y cómo todo el tiempo están actuando más planos y aspectos de la experiencia de los que nos gusta imaginar. Nos recuerdan que es importante ver el cuadro completo de las cosas, que la vida es algo más que lo que tenemos delante de las narices y que todo lo que ocurre en nuestro mundo individual forma parte, asimismo, de un contexto más amplio.

Finalmente, mediante el uso y abuso del poder, los controladores nos demuestran lo importante que es conectar con nuestro *verdadero* poder, no con el poder secundario de controlar, que es en último término insatisfactorio, sino con el poder de nuestros verdaderos dones.

Lo que el Controlador necesita aprender acerca de las relaciones

Los controladores deben entender que el control no tiene nada que hacer en las relaciones. Las relaciones, al igual que el poder personal, también tienen sus propias satisfacciones. El poder del amor es superior al poder del control, es mucho más agradable, romántico y placentero que simplemente dirigir y aterrorizar a los demás. Pero el control no es la única recompensa que se obtiene; en realidad hay cosas hermosas que sólo se pueden aprender y recibir renunciando a él: el éxtasis del orgasmo, por ejemplo, un momento de conmovedora intimidad, o una revelación emocional sanadora con la persona amada.

Las relaciones también pueden estimular el desarrollo del verdadero poder personal. La persona que ama a un Controlador lo ama porque en un momento u otro ha tenido un atisbo de lo que es realmente, dejando de lado todo control. Seguro que en algún instante el Controlador le ha mostrado su verdadera cara, tal cual es, sus talentos, su poder, y esto la ha impresionado profundamente. Si el Controlador lograra dejar de controlar el tiempo suficiente, la relación podría ser el espacio seguro en el que podría desarrollar sus talentos; necesita rendirse al amor, porque una relación es capaz, más que cualquier otra cosa en la vida, de liberarlo de las prisiones (emocional y espiritual) que impiden el despliegue de su verdadero poder.

Lo que puedes hacer para equilibrarte si eres un Controlador

1. Empieza a conocer tu verdadero poder

Paradójicamente, cuanto más se asume el mando del verdadero poder mayores son las posibilidades de que la necesidad de controlar se encauce y encuentre el nivel apropiado. La responsabilidad consciente de discernir y usar el propio poder permite ver qué cosas vale la pena controlar y qué cosas es mejor dejarlas pasar. Miguel Ángel no se preocupaba de andar presionando a nadie; simplemente iba a la Capilla Sixtina a terminar sus pinturas. Tampoco la Madre Teresa presionaba a nadie; se limitaba a hacer su trabajo. Asentado en el poder verdadero, el control se convierte en lo que debe ser, un simple instrumento cotidiano útil para organizarnos la vida y llevar las cosas a buen puerto.

En algún lugar del camino perdiste tu verdadero poder, o tal vez nunca lo adquiriste. ¿Sabes cuándo te ocurrió? En caso afirmativo, ponlo por escrito. De lo contrario, trata de volver a ese momento de tu vida en que lo perdiste, o a las circunstancias que te impidieron desarrollarlo.

Por ejemplo, una conocida mía descubrió lo siguiente acerca de su poder: «Creo que mi poder está en orientar a mujeres. No sé exactamente qué forma va a tomar, pero esa es la idea que tengo. Mi viaje hacia el poder ha sido difícil, porque mi padre siempre me menospreciaba por ser mujer. En el colegio fui la reina y la animadora de la fiesta de graduación, y aun así él se burló de mí. En casa se comportaba como un controlador y nos exigía que lo tuviéramos todo limpio como una patena. Se enfadaba con mi madre y la reñía por ser descuidada, y eso a mí me asustaba tanto que trataba de hacerlo todo como él quería. Durante años he tratado de controlarlo todo en mi casa y en el trabajo, tenerlo todo limpio y ordenado; supongo que todavía intentaba evitar su enojo.

»Después de unos años de estudiar yoga comencé a enseñarlo, y eso me hizo sentir que tenía algo que dar; también vi que el yoga les imprimía la fuerza a las mujeres a las que se lo enseñaba. He impartido varios talleres que también fueron muy capacitadores. Creo que me gustaría usar mi... me resulta difícil decirlo, poder para ayudar a otras mujeres a descubrir el suyo».

Si, a diferencia de esta mujer, no tienes idea de cuál es tu poder, trata de recordar la experiencia más dolorosa de tu infancia y de ver si tiene alguna relación con lo que te ha impedido desarrollar tu poder. ¿En tu casa no hicieron caso de tus instintos, denigraron tus dotes para la gimnasia o para el dibujo, se rieron de tus intuición o ridiculizaron tu inteligencia? ¿Qué rasgo bello de ti negaron o atacaron o fue causa de rivalidad o competitividad? Pues bien, en esas cosas es donde tienes que buscar tu verdadero poder.

2. Haz algo ahora para desarrollar tu verdadero poder

¿Hacia dónde desea llevarte tu verdadero poder? Si el poder que se descarriló es el talento para el ballet, apúntate a una academia de baile, aunque tengas cincuenta años. Si se trataba de un don especial para las máquinas y te has pasado la vida haciendo de oficinista (eso le ocurrió a un hombre que conozco), vuelve a la universidad y matricúlate en ingeniería (ese hombre ahora es ingeniero mecánico). Si tu don es la intuición, acude a clases de desarrollo intuitivo; si es la pintura, a clases de arte. ¡Hazlo! Las satisfacciones que te produce controlarlo todo no serán nunca iguales a las que obtendrás de utilizar tu verdadero poder, por tarde que comiences a hacerlo.

3. Síguele la pista a tu rabia

Puesto que te fue arrebatado tu poder, probablemente tengas muchísima rabia acumulada en tu interior. Comienza a seguirle la pista. Los investigadores dicen que cada día hay por lo menos doce cosas que nos hacen enfurecer: el conductor que se detiene justo en medio del cruce y que te impide aprovechar la luz ámbar para pasar; la barra espaciadora del ordenador que se queda atascada cada vez que la usas; el camión de la basura que pasa haciendo ruido de madrugada, o el calentador de agua que se estropea diez minutos antes de que te marches de vacaciones.

Pero la rabia sólo es peligrosa cuando no somos conscientes de ella; es entonces cuando comenzamos a vomitarla. Por el contrario, si tomamos conciencia de ella («Me ha fastidiado que Linda me llamara tres veces antes de las seis de la mañana»), seremos capaces de decir por qué estamos enfadados, con lo que se disolverá y marchará («Linda, me ha molestado que esta mañana hayas seguido llamándome a pesar de que no he contestado al teléfono la primera vez. No necesitaba que me recitaras la cartelera a las cinco y media de la mañana».

Para mantenerte al día respecto a tus enfados, comienza a preguntarte cada mañana de qué tienes rabia, y después escríbelo. Quizá sólo se trate de esas doce cosas del día, o bien, a medida que vayas tomando más conciencia de cómo te controlaron, maltrataron o atacaron tu poder, surjan muchas otras del pasado (Estoy furiosa por cómo mi padre se reía de mis notas trimestrales. Me enfurece que mi madre no me permitiera cantar en el coro de la iglesia). Síguele la pista a tu rabia.

4. Observa el control que ejerces en tus relaciones y renuncia a parte de él

Si lo que controlas es la disposición de los objetos o los quehaceres domésticos, deja que en una habitación de tu casa reine el caos durante un mes. Si eres controlador en las conversaciones (siempre interrumpes, acabas las frases de los demás o te ríes tanto que no los dejas hablar), decide no hacerlo durante un mes; si ves que no lo consigues de esta manera, ponte una goma en la muñeca y cada vez que se te ocurra abrir la boca, estírala y suéltala, de forma que te la golpee.

Si tu control se basa en la manipulación, por ejemplo, es decir, te plantas en casa de tu novia justo cuando está preparando la comida y te quedas hasta que te invita a comer, reconoce que eres un manipulador; y no te pares ahí, invítala a cenar fuera, le debes una cena.

Observa qué ocurre a medida que haces estos ejercicios. ¿Se ha acabado el mundo porque has dejado de controlar algo? ¿Alguien te quiere menos? ¿Qué otras cosas puedes hacer con tu energía? ¿Ejercicios en el gimnasio? ¿Visitar a un amigo que está enfermo? ¿Leer un libro y aprender algo nuevo? ¿Orar por la paz del mundo?

Meditación para el Controlador

Quiero aligerarme de la carga del control. Ya he controlado bastante. Deseo tener el valor necesario para tomar posesión de mi verdadero poder. Estoy dispuesto a descubrir cómo lo perdí para poder recuperarlo y usarlo en bien de la humanidad. Y, mientras lo hago, quiero ser amado.

Afirmaciones equilibradoras

No tengo por qué estar al mando de todo.
Está bien dejar pasar esto.
Otra persona puede ganar esta ronda.
Tengo algo poderoso y maravilloso que hacer.

9
El Complaciente

«Lo que sea que necesites.»

En la rueda de las relaciones, los complacientes son los adaptables, los simpatizantes, los serviciales, los consoladores, los allanadores del camino. Es la mujer acogedora y cariñosa que se ofrece para hornear todos los pasteles que se venderán en la escuela el día de la fiesta, porque sabe lo ocupados que están los demás. Es el amigo fiel capaz de viajar en coche doce horas para ir a verte, porque sabe que tu tiempo es más valioso que el suyo. La felicidad y el bienestar de los demás son de primordial importancia para estas personas.

Las personas complacientes son muy sensibles e increíblemente comprensivas, por lo que la gente acude a ellas para recibir el cariño y el apoyo que son expertas en dar. Suelen ser terapeutas, profesores, peluqueras, bármanes, cualquier profesión en la que la clave sea escuchar, simpatizar o atender a otras personas. Pero aun en el caso de que no hagan una profesión de sus dotes para complacer, dedican muchísimo tiempo a apoyar a otros. A una Complaciente que conozco, su padre le aconsejó que se hiciera terapeuta porque de lo contrario se pasaría toda la vida repartiendo su talento gratis.

A los complacientes les cuesta muchísimo decir: No. Sea lo que sea que se le ofrezca a la otra persona, o por muchos inconvenientes que tengan, están dispuestos a hacerlo. Prefieren complicarse la vida antes que decir: «No, no puedes venir a la fiesta de Acción de Gracias. Tengo otros planes». Adaptación es su segundo apellido. En caso de desacuerdo, si es que están dispuestos a rebatir una opinión, son rápidos para comprender los puntos de vista del otro y echarse atrás.

Bettina es una joven extraordinariamente bella que, paradójicamente, tiene la autoestima muy baja. De pequeña, sus padres no le hacían ni caso, ya que, la verdad sea dicha, preferían a su hermano mayor, un chico fuerte e inteligente que al final se hizo con la empresa familiar, una carpintería, que era lo único que les importaba.

Y por si fuera poco, era tan guapa que incluso en enseñanza básica sus compañeras comenzaron a alejarse de ella; le tenían envidia, así que nunca la elegían para formar parte de grupos o equipos; siempre la dejaban de reserva, para el último momento. Eso, combinado con el rechazo de sus padres, la hizo sentirse aislada e indigna. Para compensar ese desequilibrio, se convirtió en la clásica complaciente, y compartía su almuerzo, su dinero e incluso su ropa con las demás chicas del colegio, hasta el extremo de que todo el mundo sabía que era posible aprovecharse de ella.

Ahora, de adulta, aunque sigue siendo extraordinariamente hermosa, continúa dudando de ser digna de participar con los demás, y es exageradamente servicial. Siempre se ofrece para ayudar, para hacer los quehaceres domésticos y los recados y pagar el almuerzo, y se muestra tremendamente comprensiva y compasiva, lo que no es normal en personas tan guapas.

Signos reveladores del Complaciente

- Suele menospreciarse.
- No sabe muy bien aceptar elogios, atención ni regalos.
- En su interior se siente como si valiera muy poco.
- Le cuesta tomar decisiones.
- Siempre está tratando de mejorar para que le quieran.
- Es servicial, considerado, acomodaticio y comprensivo.
- Lo que piensa de sí mismo no concuerda con cómo lo ven los demás.

Una mirada con más detenimiento: Características distintivas del Complaciente

1. Tiene muy poca autoestima. Por dentro siempre se siente inferior, sin valía

Los complacientes son tan amables, cariñosos y generosos que resulta difícil creer que no sienten el mismo cariño por sí mismos. En el fondo no se sienten dignos de que los amen y tienen complejo de inferioridad. Jamás consideran que puedan ser ellos los elegidos, ni ir en pos de la persona que se imaginan que podría hacerlos felices. Incluso, aunque mantengan una relación, siempre se quedan un poco al margen, juzgando su propio comportamiento y tratando de hacerse merecedores plenamente de ella.

Sin que nadie se dé cuenta, el Complaciente está constantemente inmerso en un monólogo interior en que se desdeña por no dar nunca la talla: no valgo nada; no soy guapo; no soy bella; no soy lo suficientemente rico; no soy todo lo inteligente que debería ser; no tengo derecho a ir a la fiesta; llevo el pelo fatal; no tengo suficiente dinero para llevarla a un buen restaurante; estoy demasiado gorda; no estoy en forma; tengo unos muslos horribles, o el pelo demasiado fino, demasiado grueso, demasiado rizado, demasiado corto, demasiado largo; no merezco ser amada; mi familia no está a la altura; saqué el título en una mala facultad; soy disléxico; mi padre era alcohólico; me crié en un barrio pobre.

Estos y otros cientos de problemas grandes y pequeños que los demás no se imaginarían («Tengo esa horrible verruga en la mejilla»; «Llevo los calcetines rotos») se convierten en motivo suficiente para que no se relacionen o, si están relacionados con alguien, para que vivan intentando sentirse valiosos y dignos de esa relación.

2. Tiene un concepto equivocado de sí mismo

Los complacientes no se ven exactamente como son; no conocen su valía; no están seguros de que, como el resto del mundo, tengan derecho a existir. Suelen ver imágenes deformadas de su físico; se imaginan que están demasiado gordos, que no son atractivos. En resumen, es posible que no coman bien o que muestren hábitos adictivos de otro tipo. La anoréxica o bulímica que vive imaginándose que no está lo suficientemente delgada, el alcohólico que tiene que beber para sentirse poderoso, o la mujer que bebe en exceso para sentirse libre y ser el alma de la fiesta, son, de hecho, personas complacientes que tratan de compensar un sentimiento interior de vergüenza.

Los complacientes carecen del suficiente ego y, a diferencia de los buscadores de atención, que se creen el centro del Universo, ellos se consideran poco dignos de estar en él.

3. Vive esforzándose por valer lo suficiente para ser amado

Como el problema subyacente del Complaciente es que se siente poco digno, cuando desea relacionarse o se está relacionando con alguien, continuamente se esfuerza por mejorar. Ella se esfuerza en tener la casa limpia y así sentirse digna de su marido; él, en ganar el dinero que le permitirá pagar las facturas y sentirse digno de su esposa. Ella, en perder peso de modo que su novio esté contento, y él, en ser la pareja sexual perfecta para que su amada no lo abandone.

Por lo general, se piensa que sólo las mujeres tienen problemas de autoestima, pero sin duda esto también afecta a los hombres. Uno, en concreto, me contó que durante años había tenido a su mujer en un pedestal, esforzándose y trabajando hasta que a los 49 años tuvo un ataque al corazón. Era tan guapa que él sólo se podía sentir digno de ella haciendo realidad todos sus sueños. Cuando, después de 23 años de matrimonio y a pesar de todos sus esfuerzos por ser bueno y digno, ella lo dejó, alegando que nunca había sido feliz a su lado, vio hechos realidad sus peores temores sobre su indignidad; no obstante, al final llegó a la conclusión de que había sido un buen marido, o, como dijo después, «demasiado bueno».

Una joven que tenía diabetes y que vivía esforzándose por mejorar su salud creía que nunca podría enamorarse debido a ese grave problema de salud. En lugar de considerarlo algo que aceptaría el hombre que la amara, y que en realidad lo haría desear protegerla, siempre intentaba ocultar su enfermedad y pagaba en secreto las facturas médicas. Vivía diciéndose que si lograba pagar a ese médico, que sería el último, entonces tal vez podría mantener una relación.

Al igual que la mujer que limpia la casa antes de que se presente la señora de las faenas, con la esperanza de que ésta la encuentre tan limpia que esté dispuesta a trabajar allí, los complacientes están siempre en un estado de semivalía que los obliga a esforzarse y esforzarse sin parar. Nunca se sienten en su casa; si el mundo es amable y maravilloso para los demás, se debe a que éstos se lo merecen. En el fondo consideran que no dan la talla y piensan que de algún modo tienen que compensar la diferencia entre lo que son y lo que imaginan que deberían ser.

4. Se extralimita en sus esfuerzos por hacer felices a los demás y suele acabar enfermando

Debido a ese sentimiento de indignidad, el Complaciente está eternamente intentando hacer feliz a todo el mundo. Es como si en el fondo dijera: «Tal vez si hago sentirse felices y valiosos a los demás, al final ellos me obsequiarán con hacerme sentir valioso a mí mismo».

Doblegados siempre a la voluntad y las preferencias de los otros, a veces ni siquiera saben cuáles son las suyas. Son las personas que siempre están a disposición de los demás porque, lamentablemente, no saben si se merecen estar ahí por derecho propio. Sonríen y dicen sí a una multitud de peticiones. Nunca saben decir no, y dan demasiado. Por lo tanto, es posible que acaben agotados, endeudados, o tengan algún problema de salud.

Bonnie, famosa por su bondad, vivía haciendo favores a todos sus conocidos; les llevaba la comida cuando estaban enfermos, les prestaba dinero cuando les hacía falta, y una vez hasta firmó el contrato de alquiler de un coche por una amiga que al final tuvo un accidente y no tenía el dinero (ni el seguro) para pagar la reparación. Pues bien, cuando empezó a salir del agujero de esta deuda, le alquiló una habitación a una conocida que en esos momentos estaba sin casa, y ésta acabó vaciándole la nevera. Entonces, el día que se cayó en la calle y se fracturó el brazo, «lo comprendió». Mientras ella cuidaba a todo el mundo, nadie la cuidaba a ella, empezando por sí misma.

5. No sabe aceptar un cumplido

Si le dices a una Complaciente que te gusta el vestido rojo que lleva, dirá: «Ah, es un vestido viejo». Si le dices que la encuentras estupenda ese día, te dirá: «Debes de estar bromeando; he estado la mitad de la noche en vela», y si felicitas a un Complaciente por su nuevo trabajo te dirá que otra persona obtuvo un aumento de sueldo mejor, o que no es gran cosa. Su capacidad para aceptar comentarios positivos sobre ellos mismos está tan dañada que su radar interior no funciona para recibir nada positivo.

Dado que sólo saben recibir la información exterior que encaja con lo que ya piensan de su persona, se sienten obligados a rechazar los elogios y los comentarios positivos que superen mucho la opinión que tienen de sí mismos. En realidad no poseen ningún aparato para recibir la información buena que se les ofrece, y por lo tanto, al igual que un vaso de medición con capacidad para 28 cc de agua se derrama si se le ponen 30, estas personas que se menosprecian no saben manejar el sobrante de buenos sentimientos que les envían en su dirección. Su vaso ya está repleto con lo que no está bien, no es hermoso ni valioso en ellos.

6. Tiene dificultades para tomar decisiones

Dado que están tan sensibilizados con respecto a las necesidades de los demás, a los complacientes les suele costar mucho tomar las decisiones más insignificantes, o en el caso de que hayan tomado una, atenerse a ella. Si se trata de una decisión importante, primero consultan a todos sus conocidos y luego siguen el consejo de una u otra persona, o toman la decisión que haya salido votada por consenso. Esto, evidentemente, no les da resultados muy óptimos que digamos, ya que no se ha tenido en cuenta la opinión de la persona más afectada por la decisión: el propio Complaciente.

Del mismo modo, cuando toman una decisión importante solos y resulta que va en contra de un interés o petición de otra persona, suelen dar marcha atrás: «Había decidido tomarme dos semanas de vacaciones porque estoy agotada, pero si quieres te sustituyo a ti para que puedas hacerte ese tratamiento para la piel que necesitas; bueno, vamos a ver...».

A diferencia de los flemáticos, que se limitan a analizar los hechos para decidir, los complacientes siempre se quedan atrapados en una riada de sentimientos: los suyos (si tienen derecho a hacer o decir esto o aquello, dado su posible efecto en otras personas) y los de todos los demás (cómo las necesidades de los otros obstaculizan o complementan las suyas). En consecuencia, a menudo permanecen paralizados por la inacción.

Por qué amamos a los complacientes

Los complacientes nos encantan porque es maravilloso tenerlos cerca. Desean complacernos y, por lo general, son acomodadizos, afables, cooperadores, útiles y serviciales. Ofrecen sus servicios con generosidad y se adaptan incluso a las circunstancias más difíciles o confusas con el fin de ayudarnos. Son capaces de encontrar el regalo perfecto, de dar un fabuloso masaje de dos horas, de envolverte los pies fríos en una suave manta. Estar con estas personas es como sumergirse en un baño de amor, atención y dedicación. Escuchan atentamente nuestros problemas y saben qué decir para hacernos sentir mejor. Siempre podemos contar con que harán cualquier cosa que se les pida, porque siempre anteponen nuestras necesidades a las suyas.

Aunque es su sensibilidad lo que les crea la sensación de indignidad, esa misma sensibilidad, muy desarrollada, es lo que aportan a sus relaciones. A diferencia de los emotivos, no arman escenas, no chillan ni hacen callar a nadie. Tampoco acaparan todo el espacio de la relación como los buscadores de atención. Dado que su sensibilidad es muy refinada, cuando estamos con ellos nos damos cuenta de la infinita gradación de emoción que se puede sentir o con la que se puede reaccionar ante los demás. Es ese complejo repertorio de sentimientos lo que expresan los complacientes mediante sus reacciones con respecto a los demás, un maravilloso regalo para todos.

También están dispuestos a trabajar arduamente, incluso para hacer el trabajo pesado que no les corresponde. Y tratándose de relaciones, suelen sentirse tan sorprendidos por haber sido elegidos para ser amados que tienden a ser generosos y muy expresivos en su gratitud.

Cómo nos irritan

Las posibles parejas de los complacientes acaban teniendo dificultades con ellos por esa tendencia suya a echar un jarro de agua fría sobre la relación debido a que no son capaces de estar a la altura de las cosas buenas que ocurren. No saben relajarse ni disfrutar de los acontecimientos, y como normalmente están centrados en sus defectos y limitaciones, no disfrutan de los placeres que se presentan en la relación. Siempre se hallan tan ocupados recordándole a la otra persona que en realidad no se merecen lo que tienen, que muchas veces no son siquiera capaces de participar de la alegría. En resumen, son unos aguafiestas. Viven arrastrando a la otra persona hasta el grado de su vergüenza o falta de seguridad porque eso es lo que consideran más verdadero de sí mismos.

Una noche, durante unas vacaciones que Lauren pasó con su mejor amiga, Shirley, decidieron bajar a cenar al restaurante del hotel. Como Lauren no tenía ningún vestido apropiado, Shirley le prestó uno; a los pocos minutos vio que tampoco tenía zapatos que fueran bien con el vestido y Shirley también le prestó unas sandalias muy bonitas de tacón alto. Entonces ella se las puso y al ver cómo le quedaban, se quedó tan pasmada que no logró asimilarlo. Acto seguido, en lugar de darle las gracias a su amiga por todo, no dejó de repetir: «Este vestido te sienta mejor a ti. No debería llevarlo yo», o «Te voy a estropear las sandalias; tengo los pies muy anchos; las ensancharé». Debido a su falta de autoestima, en lugar de limitarse a aceptar la generosidad de su amiga, Lauren se pasó todo el rato criticando sus defectos, de modo que al final estropeó la cena en lugar de disfrutarla.

La persona Complaciente nos agota con su falta de autoestima; tarde o temprano, si le prestamos atención, comenzamos a comprender que por mucho que le digamos que la queremos, que es hermosa, y que tiene talento e inteligencia, no se lo cree, al menos no más de unos cuantos minutos. Por mucha gratitud y mucho aprecio que le manifestemos y por mucho que nos esforcemos en mejorar su concepto de sí misma, vuelve a caer en el menosprecio de su persona y en la inseguridad. Al final, nos cansamos de verter palabras y actitudes de aprecio en ese pozo sin fondo y, en un terrible y paradójico giro, esa inseguridad respecto a nuestro amor suele tener el efecto de que dejemos de amarla.

Aunque durante un tiempo nos encanta su incapacidad para tomar decisiones, a la larga eso también pierde la gracia. A veces, no sufrir ni consultarle a todo el mundo cualquier insignificancia sería un buen método alternativo. La indecisión con el tiempo se hace agotadora.

¿Qué pasa en realidad?

Bajo esa falta de autoestima, los complacientes sufren de un fuerte y perpetuo sentimiento de vergüenza. *Su herida emocional es una profunda sensación de indignidad.* En muchos casos, la persona se crió en una familia sobre la que se cernía el sentimiento de vergüenza, que, aunque tácito, impregnaba sutilmente la vida de todos sus miembros. Podría haber sido la vergüenza de sus padres por ser pobres, por el embarazo indeseado que los obligó a casarse, por su incapacidad para mantener a la familia, o por una serie de circunstancias que escapaban a su control.

Los complacientes detectaron estas cosas y ese conocimiento es la causa de sus sentimientos de culpa e indignidad.

Los padres de Tracy «tuvieron que casarse» porque su madre estaba embarazada de ella; esto le produjo siempre, aunque inconscientemente, vergüenza. Así pues, se crió en un ambiente impregnado por la vergüenza que su madre sentía por ese inoportuno embarazo, cosa que expresaba constantemente en forma de críticas dirigidas a su marido. Tracy siempre se sintió culpable de la forma como trataba su madre a su padre, de modo que para apaciguar su culpabilidad, toda su vida trató de hacerle favores especiales.

Una negligencia grave por parte de los padres también produce adultos complacientes. Cuando los padres no alimentan a sus hijos, no los atienden al volver de la escuela, les hacen dormir en camas sucias o descuidadas, los maltratan verbalmente o abusan de ellos sexualmente, los niños no pueden evitar sentir vergüenza, y, además, basándose en cómo los tratan sus padres, estos niños tienen la experiencia real de sentirse como si fueran indignos.

A veces este sentimiento de indignidad se debe simplemente a haber vivido bajo unas circunstancias difíciles. Russell, el menor de diez hermanos, siempre se sintió como si no debiera haber nacido, ya que su familia continuamente pasaba apuros económicos. Por muy buena voluntad que tuvieran sus padres, que la tenían, él los veía una y otra vez exasperados o histéricos, y los oía hablar largamente en la cocina sobre la falta de dinero. Pensaba que si él no hubiera nacido, todo les hubiera sido más fácil. Esta sensación de que su existencia era un problema le produjo los sentimientos de vergüenza e indignidad que después expresó de adulto en la forma de una generosidad excesiva para con los demás y en su incapacidad de creer que realmente le cayera bien a alguien.

Por razones parecidas, Suzanne, a sus 46 años, no había logrado tener una relación duradera pese a sus numerosos pretendientes. Al final, sólo cuando su novio, Roger, le dijo en serio que deseaba casarse con ella, le contó lo que tanta vergüenza le daba. Resulta que de pequeña siempre había compartido la cama con su hermana, pero como ésta la mojaba cada noche, día tras día iba a la escuela oliendo a pipí, por lo que sus compañeros se burlaban de ella llamándola «Suzanne la hedionda». A causa de esto toda su vida se había sentido tan avergonzada que no se atrevía a acercarse demasiado a las personas por miedo a que aún despidiera ese olor. Fue necesario que Roger le preguntara a quemarropa por qué se resistía tanto a casarse para que ella decidiera explicarle ese «terrible secreto» que le había producido tales sentimientos de vergüenza e indignidad.

A veces esa vergüenza interior se debe a un problema causado por la enfermedad mental de un miembro de la familia. La madre de Elaine era esquizofrénica y solía presentarse en la escuela vestida estrambóticamente y amenazar con matar a todos los que estaban en el patio. Phyllis tenía un hermano esquizofrénico que llevaba años internado en un sanatorio para enfermos mentales; cada vez que le preguntaban por su familia, ella no sabía si explicar lo de su hermano o hacer como si no existiera.

Sean cuales sean las circunstancias concretas, el Complaciente, que sufre de vergüenza, tiene un desastroso concepto de sí mismo y muchas dificultades para creer que merece vivir, tener éxito en la vida, ser obsequiado con el amor o gozar de la dicha de una relación. Estas personas siempre conservan la esperanza, pero también la incredulidad. Esperan sin creer del Todo que de algún modo podrían limpiarse de aquello vergonzoso y ser por fin dignos de ser amados.

La diferencia entre un Complaciente y todos los demás

El Complaciente nunca acaba de creer del todo en sí mismo; en su interior y en voz alta, siempre se encuentra defectos, y es incapaz de aceptar regalos o elogios. Las demás personas, de vez en cuando quizá tengan la sensación de no merecerse algo, pero por regla general, saben ver los defectos o limitaciones concretos de su carácter y tienen una sana autoestima.

En lugar de dudar constantemente de si se merecen el amor, el resto de los mortales son capaces de entablar una relación, ver adónde los conduce y cómo va, y sentirse merecedores de ella, cosa que no pasa con el Complaciente, que siempre está enredado en problemas sobre su valía y los expone sobre la mesa de la relación. «¿De verdad que me merezco esta relación?», se pregunta cuando se le presenta una oportunidad de relacionarse. O si ya mantiene una, vive con la duda de si se la merece o no. «¿Por qué me quieres?», le pregunta una y otra vez a su pareja hasta que ésta se cansa de contestarle.

Otro tipo de persona diría: «Hoy parezco cansado», todo lo contrario del «Nunca estoy bien» del Complaciente, que además añadiría: «Siempre tengo un pelo horroroso», en lugar de «Hoy llevo mal el pelo». Y mientras que una mujer que no cumpla esta tipología se expresaría de la siguiente manera: «El chico que he conocido en la fiesta era un bobo de remate», la Complaciente diría: «Nunca conozco a ningún hombre interesante».

Las personas equilibradas saben que son imperfectas y que tienen limitaciones, pero al mismo tiempo poseen un sentido de su valía basado en la realidad. Son conscientes de que tienen rasgos buenos que las hacen dignas de ser amadas, y también que sus defectos y limitaciones no deben ser un obstáculo para que las amen.

Lo que nos enseña el Complaciente

Para resumirlo en una frase: que los demás son importantes. Que a veces vale la pena dejar de lado nuestras necesidades y deseos para ocuparnos de ellos, para sacrificarnos por otra persona. En este sentido, los complacientes nos dan un noble ejemplo al hacerlo con generosidad y sin quejarse.

Los complacientes son también unos fabulosos maestros en la empatía, esa capacidad para compenetrarse, ponerse en la piel de otra persona y sentir lo que está experimentando. A todos nos iría bien cultivar nuestra empatía, sobre todo si deseamos mantener relaciones que nos sustenten y apoyen, porque cada uno de nosotros tiene sus propias heridas, y con frecuencia lo único que puede hacer la otra persona es escuchar y ofrecer un silencioso consuelo o solaz.

Por último, nos enseñan que algunas de las virtudes sencillas, como la amabilidad, la consideración, la bondad y la humildad, son valiosísimas para hacer más agradables nuestro mundo y nuestras relaciones. Con lo mejor de su bondad, los complacientes construyen nidos maravillosos donde incubar el verdadero amor.

Lo que el Complaciente necesita aprender acerca de las relaciones

Estas personas necesitan comprender que una relación, más que cualquier otra experiencia humana, puede hacernos ver lo valiosos, maravillosos y dignos de amor que somos. Aun en el caso de haber crecido sintiéndose interiormente avergonzado o algo inferior, el amor es el mejor remedio para estos sentimientos. Si estás dispuesto a poner en práctica algunas de las ideas que sugiero más adelante, descubrirás que no sólo eres capaz de tener una relación, sino que además puedes cambiar tus sentimientos respecto a ti mismo.

No olvides que las relaciones no son algo que hay que evitar porque no te sientas merecedor de ellas; en realidad, tener una relación es algo que nos hace sentirnos a gusto con nosotros mismos. Es posible que una persona por sí misma nunca llegue a sentirse digna de mantener una, por mucho que se esfuerce, pero cuando se arriesga a ello, comienza a ver su valía, ya que día tras día, momento a momento, y de maneras muy diversas, la relación la ayuda a desarrollarse y por lo tanto refuerza su sensación de valer. Cuando tu marido llega a casa cada día; tu mujer se mantiene firme a tu lado porque te has quedado en paro, y tus hijos te demuestran su cariño, poco a poco va aumentando tu autoestima hasta que un día dejas de pensar en si vales o no vales; entonces te relajas y disfrutas de la relación.

Lo que puedes hacer para equilibrarte si eres un Complaciente

Como la vergüenza es su principal problema, las personas complacientes tienen que aprender a conocerse de una manera realista; este conocimiento debe abarcar, entre otras cosas, su valía, su bondad y su belleza. Así pues, mientras que muchos de nosotros lo que tenemos que aprender es a ver nuestros defectos, ellos deben aprender a ver sus dones y a adquirir el conocimiento de su belleza.

1. Absuélvete

Los complacientes necesitan, por encima de todo, absolverse de sus acusaciones. Abandona ese programa de autocastigo; tíralo, déjalo entre los matorrales al otro lado del camino. Si eres un complaciente que se menosprecia, comienza este proceso mirando de modo realista tus defectos o categorías inferiores.

Sé sincero contigo mismo y pregúntate: ¿qué es eso tan malo que tengo? «Nadie es perfecto», solíamos decirnos de pequeños. Haz una lista de tus defectos o sentimientos de inferioridad y analiza si en realidad son tan horribles. Piénsalo un minuto: ¿Aceptarías a otra persona con esas mismas limitaciones? Por ejemplo: «Me siento mal porque he engordado varios kilos y no me entran los tejanos»; «No hago suficiente ejercicio»; «No logro decidir qué coche comprar; pierdo demasiado tiempo en tomar la decisión»; «He olvidado enviarle una tarjeta de agradecimiento a Sue por la fiesta».

Una vez que hagas la lista, escribe debajo, en un párrafo, lo que tú, complaciente comprensivo, le dirías a la persona que se juzgara a sí misma de esa manera. Si lo que escribes hace que se te salten las lágrimas, eso querrá decir que has hecho un buen trabajo.

2. Descríbete exactamente desde el punto de vista de otra persona

Si acabaras de conocerte en una fiesta, ¿qué verías? ¿Qué encontrarías atractivo e interesante en ti? ¿Qué te gustaría más? Anota esa descripción (o si lo prefieres, dila en voz alta), y después, debajo, escribe (o di): «Me encantaría conocer a la persona que acabo de describir». Si te resulta demasiado difícil, pídele a una persona de confianza que te describa.

Diane, una abogada joven y próspera que consiguió acabar sus estudios con muchas dificultades, solía sentirse mal consigo misma porque sus padres eran demasiado pobres para ayudarla a costeárselos; siempre trabajó a jornada completa y por eso no pudo aprobar con las notas que le hubiera gustado. Por este motivo, al terminar la carrera no consiguió entrar en el bufete de abogados que siempre había soñado, y de nuevo se sintió mal pensando que, debido a lo pobres que eran sus padres, ella no valía lo suficiente en muchos aspectos.

Cuando conoció a Jeff en una fiesta celebrada en la Cámara de Comercio, se sintió cohibida y desanimada. Era guapísimo, y estaba tan interesado en ella que insistió en invitarla a salir. Cuando quedaron por tercera vez, le explicó que se sentía avergonzada por las notas que había sacado en la Facultad de Derecho y por trabajar en un bufete que en su opinión era mediocre y que eso no la dejaba sentirse cómoda con él, todo un propietario de una agencia de seguros.

Él la escuchó atentamente y después la describió tal y cómo él la veía: «Una mujer muy atractiva, de unos treinta y tantos, que daba la impresión de estar haciendo lo imposible. No me importó que el bufete donde estás trabajando no fuera el mejor del estado. Simplemente comprendí que eres una joven fuerte, de éxito, que ha tenido el valor de aceptar el reto de todos esos años de estudio, sean cuales sean tus notas. Incluso me gustó que fueras un poquito tímida. Eso, a una abogada, la hace aún más atractiva. La combinación de tu inteligencia y tu timidez te convierten en una persona absolutamente irresistible para mí».

Gracias a Jeff, Diane vio por fin una imagen diferente de sí misma. Esto también lo puedes hacer tú.

3. Reconstruye tu concepto de ti mismo

Dado que los complacientes no tienen una imagen muy buena de sí mismos, y que esa imagen quedó deformada hace mucho tiempo, cuando eran pequeños, ahora, de adultos, necesitan reconstruir su concepto de quiénes son. Contrariamente a la idea tan extendida de que uno no puede aumentar su autoestima, yo digo que sí. La autoestima no tiene un tiempo de duración como los productos envasados; hay que renovarla día a día.

Para comenzar este proceso, cómprate una libreta pequeña a la que puedes llamar «libreta del concepto de mí mismo», y anota en ella todas las cosas buenas que oigas decir de ti; pon la fecha y el nombre de la persona que te lo ha dicho; por ejemplo: «Tienes una sonrisa encantadora»; «Qué amable y generoso eres»; «Estás muy guapa, te queda precioso ese suéter verde»; «Vamos, estás muy en forma; veo que has ido al gimnasio»; «Tienes unos hijos muy guapos»; «El pastel estaba delicioso».

Observa cómo se acumulan los elogios, y cómo van aumentando a medida que los adviertes (y los aceptas).

Desarrollamos el concepto de nosotros mismos a partir de lo que nos dicen de nosotros otras personas. No obstante, aun en el caso de que tu concepto de ti sea negativo o no esté bien desarrollado, comienza ahora mismo a anotar todas las cosas buenas que los demás ven, valoran y celebran de ti, y así, basándote en ellas, podrás formarte uno nuevo. A medida que lo hagas verás cómo ciertas cualidades positivas parecen predominar sobre las otras: tu inteligencia, tu humor o tu lealtad en la amistad. También verás que te valoran y que tú también puedes valorarte.

Así pues, comienza ahora mismo. ¿Qué palabras has oído y qué experiencias has tenido hoy que te demuestren que eres valioso y digno? Nunca es demasiado tarde para saber quién es uno realmente.

4. Deja de hacer todas las cosas que haces para que te quieran

¿Cuáles son esas cosas? Haz una lista; por ejemplo: preparas el café en la oficina todos los días cuando lo lógico es que esta tarea se comparta; mientes para proteger a alguien que llega siempre tarde al trabajo; prometes hacer cosas para las que no tienes tiempo; prestas dinero que en realidad no tienes.

Hagas lo que hagas para congraciarte, déjalo de una vez. Si es más de una cosa, como ocurre en la mayoría de los complacientes, suprime una por semana. Dile al chico que llega tarde que no volverás a encubrirlo; que se compre un despertador. Pídele a otro de los empleados que prepare el café, o establece unos turnos. Di no a uno de los innumerables requerimientos de tu tiempo y atención; después di no a otro; di no a tres seguidos. Si todo el mundo te llama por teléfono para contarte sus problemas, desconéctalo o cambia de número. También puedes dejar un mensaje diferente: «En este momento estoy muy ocupado para hablar, y no sé cuándo podré llamarte».

Un bondadoso Complaciente que conozco tenía un hombro muy ancho para que todo el mundo llorara sobre él: escuchaba los problemas de todo quisque, sobre todo los de sus padres. Durante años tuvo un dulce e invitador mensaje en el contestador automático: «Hola, dime para qué me has llamado y qué puedo hacer por ti». No obstante, cuando comenzó la tarea de equilibrarse, lo borró y dejó el siguiente: «Soy Daniel. No puedo hablar contigo». Éste, aparte de no ser invitador, dejaba bien claro, con su brevedad, que él era una de las personas que necesitaba de su propia atención. Por fin se había incluido en su lista.

Si eres el que siempre paga las bebidas, deja de hacerlo; rompe tus tarjetas de crédito; quema tu talonario. No vuelvas a coger la nota de la cuenta cuando salgas con la gente; o mejor todavía, quédate en casa. Quizá no te resulte tan divertido como antes, pero tendrás más dinero en el bolsillo y hasta puede ser que descubras que ahora te puedes pagar esas clases de pintura que siempre habías deseado tomar, o ese viaje a la costa que llevas años postergando.

5. Practica el arte de recibir

Si alguien te regala algo, no tienes por qué regalarle una cosa también. Aprende a recibir un regalo, un elogio, una prenda de ropa que se le haya quedado pequeña a la otra persona, una invitación al cine, sin ir corriendo a comprarle algo de valor comparable; dile simplemente: «Gracias»; «Gracias por este precioso suéter negro. Me gustará llevarlo».

Decir «Gracias» es una de las maneras de *descubrir* que somos merecedores. Dar las gracias significa decir que se ha recibido, aceptado y hecho propio lo regalado. Tu cerebro capta el mensaje de que has recibido un regalo; asimila la información y te lo confirma cuando te oyes decir «Gracias». Este ciclo lleva el mensaje de que eres merecedor.

Ah, y por cierto, comienza a darle las gracias a la persona que ha decidido ofrecerte una oportunidad en el amor: «Gracias por la invitación»; «Gracias por la deliciosa cena»; «Gracias por elegirme para salir»; «Gracias por tratarme con tanta simpatía».

Sé que es difícil. Carmella, una complaciente que conozco, aceptó hacerle el favor a su jefe de llevarlo al aeropuerto. Sabiendo que ella trabajaba para pagarse los estudios, él le pasó un billete de 20 dólares para expresarle su agradecimiento. «No, no —dijo ella, rechazando el dinero—, para mí ha sido un placer hacerle este favor.» Después de intentar de nuevo que ella lo aceptara, lo guardó de mala gana en su billetero.

Una semana después, tuvo que hacerle otro recado al jefe; cuando fue a coger su coche descubrió que no tenía gasolina y que sólo le quedaban 32 centavos en el monedero. Avergonzada, volvió a la oficina y, armándose de todo el valor que logró reunir, le dijo al jefe: «Por cierto, ¿le importaría darme los 20 dólares que me ofreció la semana pasada? Hoy sí que los necesito».

Si las circunstancias no la hubieran puesto en ese estado de necesidad, nunca habría reconocido que se merecía cierta compensación por su buena disposición a servir. Suerte que a veces las circunstancias nos enseñan.

6. Observa qué haces por los demás y cómo proyectas en ellos tus necesidades

Los complacientes suelen dar exactamente lo que desean recibir. Esto se debe a que muy en el fondo reconocen sus necesidades aunque no se hayan permitido sacarlas a la conciencia. Por eso cuando ven las de otra persona saben lo bien que se sentiría si lograra satisfacerlas: «Sé que le gustará que la ayude a cambiar el neumático porque a mí me encantaría que alguien me arreglara el descosido en los pantalones».

Observa cómo proyectas sobre los demás tu valía y tu merecimiento. Cuando los miras sabes que se merecen hacer realidad sus sueños. Es como si te dijeras: se merecen ayuda; se merecen satisfacer sus necesidades. Se merecen sustento, atención, elogios, cariño, tiempo, generosidad, apoyo emocional. Lo comprendes porque sabes lo triste, lo terrible, lo avergonzado que te sentías por dentro cuando de pequeño no se satisfacían tus necesidades. Pero de alguna manera, desde entonces, siempre las has dejado fuera de la ecuación.

Cuando te des cuenta de lo que haces continuamente por otras personas, verás también, con algo de retraso, cuáles son tus necesidades. Y justo en torno a esas necesidades podrás comenzar a pedir ayuda, atención, apoyo y compañía para ti. Lo que sea que necesiten los demás de tu persona (tiempo, un oído atento, disponibilidad, apoyo emocional o económico, sopa de pollo o ayuda en su trabajo), probablemente tú también lo estarás necesitando.

Para comenzar a remediar esta situación: 1) haz una lista de todas las formas que tienes de ayudar a otros; 2) otra de lo que necesitas en cada uno de los aspectos o categorías identificados; 3) y prométete comenzar a aprender a recibir en cada uno de esos aspectos.

Por ejemplo: siempre escuchas pacientemente los problemas de todo el mundo y preguntas a los demás, incluso a personas que apenas conoces, cómo se sienten; también les prestas dinero a los amigos que van un poco justos. Pues bien, eso significa que necesitas que te escuchen muchísimo y que te pregunten cómo te sientes; al mismo tiempo no te iría mal cierto alivio de tus cargas económicas. Tenlo presente, tu forma de ayudar a los demás es tu grito pidiendo ayuda.

Después, para aprender a recibir, comienza a pedir lo que necesitas en esos determinados aspectos. Si se trata de que te escuchen, empieza a decir: «Necesito hablar contigo; ¿cuándo te iría bien?»; «Necesito contarte mis problemas; ¿podrías escucharme?». Si es dinero lo que te hace falta, pregunta: «¿Me podrías hacer un préstamo?». «Me siento mal, ¿me harías el favor de ir a comprarme zumo de naranja?»; «Estoy sobrecargado de trabajo y el ordenador está fallando, ¿podrías arreglármelo, o ayudarme a sacar el trabajo adelante?».

Al principio te resultará raro pedir, porque siempre has basado tu vida en la suposición de que no tienes derecho a pedir nada. Comienza por pedir cosas pequeñas, de poca importancia: «Ahora que te has levantado del sillón, ¿podrías traerme una taza de café?», o «¿Te importaría cerrar la cortina del balcón? Están entrando mosquitos». Después pasa a cosas más importantes, como por ejemplo: «Quedamos para salir el viernes, pero viene mi prima de Boston y me gustaría pasar esa velada con ella. ¿Podríamos cambiarlo para la noche del sábado?».

7. Cuida de ti

Como ya he dicho antes, los complacientes trabajan hasta el agotamiento. Si es esa la forma tan desconsiderada de (no) cuidar de ti, comienza a acostarte a una hora prudente, a comer bien, a hacer un poco de ejercicio y, por encima de todo, a tratar de estar consciente de tus necesidades.

En segundo lugar, ¿cuáles son las tres prácticas de atención a ti mismo que podrías añadir inmediatamente a tu repertorio? ¿Ir a una sesión de masaje cada mes? ¿Hacer una caminata cada mañana? ¿Desconectar el teléfono a las ocho de la noche para tener un poco de tiempo para leer? ¿Comprarte flores una vez a la semana? Cuando empieces a mimarte reconocerás tu valía, y eso abrirá el camino por el cual los demás encontrarán la forma de hacer lo mismo.

Meditación para el Complaciente

Quiero comenzar a sentirme a gusto conmigo mismo, dejar de criticarme hasta por las cosas más ínfimas, saber que valgo, estar tranquilo con mi valía, apreciar mi bondad, abrirme al amor. Estoy dispuesto a creer que me merezco recibir amor tal como soy.

Afirmaciones equilibradoras

Puedo ser tan amable conmigo como con los demás.
Me merezco ser amado.
Valgo tal como soy.

10
Emparejamiento: Los tipos en el amor

Ahora que has tenido la oportunidad de conocer los nueve tipos de pareja, hay algo que te será muy útil saber: quién tiende a enamorarse de quién, y por qué. Aunque en teoría, cualquier persona puede enamorarse de cualquiera, he comprobado que determinados tipos suelen sentirse atraídos por otros también concretos, bien por cierto grado de comodidad o bien por la posibilidad de cambio que les ofrecen.

En todas nuestras relaciones intentamos aprender algo, de modo que, consciente o inconscientemente, elegimos a una persona que tenga rasgos en su tipo de personalidad que necesitamos desarrollar para estar más equilibrados, que pueda enseñarnos algo acerca de las dificultades de nuestro tipo, cosa que nos permitirá cambiar. De aprender o no la lección depende que evolucionemos y mejoremos en nuestra capacidad de amar o bien que nos atrincheremos cada vez más en nuestros viejos hábitos.

El objetivo principal de mirar los tipos de personalidad es tomar más conciencia de lo que ocurre realmente. Podemos vivir toda una vida de relaciones y no evolucionar ni un ápice, o, si decidimos mantenernos conscientes, ver cómo nos ha cambiado cada una de ellas. Y no sólo eso, sino que también podemos procurar obtener los beneficios que ofrece cada tipo de pareja y, al hacerlo, perfeccionarnos cada vez más.

Aunque muchas personas acaban repitiendo una y otra vez sus mismos problemas, porque es difícil cambiar, cada relación nos ofrece la posibilidad de equilibrarnos más. En este sentido, el más equilibrado de todos los tipos sería una persona en que se combinaran todos, que fuera una mezcla de las mejores características de todos ellos. Es ese gran equilibrio, esa plenitud, hacia donde todos, en los planos inconsciente y espiritual, tratamos de avanzar, lo sepamos o no.

Por eso, aunque tal vez veas lo agradable que podría ser emparejarte con un determinado tipo, en toda tu historia de relaciones quizá también te hayas decantado por algunos de los otros. Si es así, te felicito. Probablemente hayas aprendido mucho y tu personalidad se haya equilibrado muchísimo.

Del mismo modo que el amarillo y el azul, dos colores distintos, se convierten, mezclados en proporciones iguales, en verde, tu personalidad también se puede transformar por la influencia de otro tipo de personalidad. Es decir, si tu tipo es, digamos, amarillo, puede cambiar, al relacionarte con otro, y transformarse en, por ejemplo, amarillo verdoso, amarillo anaranjado o incluso amarillo claro. De un modo u otro, la relación con cualquier otro tipo te cambia; adquieres algunas de sus características y cualidades, y el otro, algunas de las tuyas.

Lo importante es saber que elegimos determinados tipos porque, en un momento dado, ese tipo nos enseñará algo y porque relacionándonos con una persona así nos equilibramos más. Por eso, porque inconscientemente siempre buscamos ese equilibrio, y también porque, debido a los problemas o cuestiones psicológicas que representa cada uno de los tipos, suele haber atracción entre algunos de ellos, se puede hablar de varios emparejamientos típicos.

Los buscadores de atención

No es de extrañar que los buscadores de atención se sientan atraídos por todos los tipos que les van a prestar atención, en especial los complacientes, que son amables con todo el mundo; por los perfeccionistas, ya que al ver sus dones se sienten estimulados a perfeccionar los suyos; y a veces, si hay luna llena y la química funciona, por los fantasiosos, que los atraen hacia sus fantasías y los hacen sentir bien. También, aunque es bastante raro, se sienten atraídos por los escépticos, a los que conquistan con su magnetismo personal, aunque por lo general estas uniones duran poco.

También pueden sentirse atraídos por otros buscadores de atención, y estas relaciones suelen funcionar bien, al menos por un tiempo, ya que cada uno está tan concentrado en su necesidad de atención que mientras reciban suficientes elogios del mundo exterior conviven felices, gratificados por fuentes externas. Los matrimonios entre estrellas de cine, por ejemplo, suelen ser uniones entre dos buscadores de atención.

En un plano más profundo, aunque a menudo inconsciente, los buscadores de atención tratan de equilibrarse aprendiendo a pensar en los demás además de en sí mismos. Y qué mejores maestros en esto que los complacientes, que siempre lo están haciendo, por lo que, probablemente, en este sentido se conviertan en las mejores parejas para ellos.

Los buscadores de atención no se sienten atraídos por los adictos al trabajo, que no les prestan la menor atención, ni por los controladores, con los que se enzarzan demasiado en luchas de poder como para que sea agradable la relación.

Los emotivos

Todos hemos conocido muchas parejas formadas por una bola de fuego y una persona estable, de modales tranquilos, y nos hemos preguntado qué ocurre allí. Este es uno de los emparejamientos clásicos: el de la persona emotiva con la flemática. A los emotivos les encantan los flemáticos porque cuando abren fuego, el otro se mantiene impasible, sosegado, un verdadero ejemplo de cómo reaccionar de manera menos explosiva (es decir, no reaccionando en absoluto). Aunque parecen ser mundos distintos (y lo son), el Flemático frío y el Emotivo fogoso, cuando mezclan sus temperaturas llegan a un estado intermedio de agradable calorcillo. La falta de emoción del Flemático suele frustrar al Emotivo, pero en general lo agradece y con el tiempo logra empaparse de su tranquilidad.

Los emotivos también podrían formar pareja con los controladores, por razones similares. Si bien se sienten atraídos por los flemáticos, también buscan el tipo de personalidad que sea capaz de ayudarlos a refrenar sus emociones y en esto los controladores son excelentes: les encanta controlarlo todo, incluso los sentimientos desbordados.

A veces también se emparejan con otros emotivos, y entonces viven en absoluta libertad para expresar todas sus emociones; esta es la pareja del tipo *¿Quién teme a Virginia Woolf?*, que se dicen las cosas sin tapujos. Evidentemente esto favorece el dramatismo en la relación (agotadora), pero no suele durar mucho, y ninguno de los dos cambia demasiado, ya que sólo se entregan a algo que los dos ya saben hacer muy bien.

A los emotivos no les gustan los adictos al trabajo porque nunca están con ellos para mantener una experiencia emotiva, aparte de las quejas que les lanzan por lo tarde que llegan a casa. No obstante, en el caso de que se unan temporalmente a uno de ellos, lo que sí consiguen es tener muchísimas explosiones. Ahora bien, para expresar de una forma más tranquila y sensata las emociones que siempre bullen en su interior, que es en realidad lo que buscan, les va mejor con los flemáticos, ya que los equilibran, o también con los complacientes, a los que podrían preferir debido a que les permiten entregarse a sus sentimientos (en detrimento de ambos). No obstante, este emparejamiento no les dejar progresar, ya que en lugar de crear la fricción que genera el cambio, simplemente se refuerzan mutuamente en sus hábitos individuales.

Los flemáticos

Fundamentalmente la persona flemática prefiere estar con otra flemática en un ambiente sereno y apacible en que ninguno de los dos se altere por nada. Y de hecho, para los flemáticos que están muy heridos emocionalmente, esto es un bálsamo sanador. Estas relaciones suelen ser estables y duraderas, y sosegadamente satisfactorias para ambos miembros de la pareja, aunque en realidad no favorezcan mucho el cambio.

Los flemáticos, que detestan las emociones, también podrían sentirse atraídos por los adictos al trabajo o incluso por los escépticos, ya que estos dos tipos les ofrecen una apariencia de relación sin desafiarlos a relacionarse emocionalmente en un grado importante.

Otros flemáticos, que inconscientemente desean sacar a la superficie sus emociones, eligen para emparejarse a un emotivo, porque, aunque se sienten incómodos con los sentimientos, los suyos y los de cualquier otra persona, en el fondo saben que expresar sus emociones les va a enriquecer la vida inconmensurablemente. Por lo general esta relación suele estar plagada de frustraciones debido a que el Flemático, al que le gustaría entrar de puntillas en las aguas emocionales, suele verse zambullido violentamente en ellas; sin embargo, esto favorece su crecimiento, porque poco a poco y con el tiempo, va perdiendo el miedo. Pero aparte de mejorar en este aspecto, lo reconozca o no, al Flemático le gustan bastante esas explosiones exóticas de su pareja, ya que sin hacer el menor esfuerzo se ve expuesto a la energía cruda de un mundo vivo de emociones.

Los pragmáticos y terrenales flemáticos no se sienten muy inclinados a emparejarse con los fantasiosos, que continuamente reescriben la realidad de la que ellos se fían. La persona fantasiosa vive en el aire, tejiendo planes y soñando, y cuando intenta arrastrar al flemático a su fantasmagoría de posibilidades románticas, éste no se interesa. Tampoco se sienten atraídos por los controladores ni por los perfeccionistas, porque a su manera tranquila, creen tener todas las respuestas, y no les gusta que nadie les diga cómo son las cosas ni qué deben hacer.

Los escépticos

Como en realidad no cree en el amor, el Escéptico podría sentirse atraído por casi cualquier tipo por algún motivo que no es intrínseco de ese tipo. Es más que probable que le atraiga una figura fabulosa, una cara hermosa, una mente inteligente, una buena cuenta bancaria, una vida social ostentosa, cualquier cosa que logre sacarlo por un momento del escepticismo y que, ciertamente, a la larga no será lo suficientemente sólida para que funcione la relación; entonces aprovecha el problema emocional de ese tipo para explicar por qué al final la persona es inaceptable: está demasiado centrada en sí misma; es una histérica, o demasiado tranquila para reírse de sí misma; vive en un mundo de fantasía; demasiado crítica en todo; demasiado controladora, o simplemente no sabe defenderse.

La otra persona tiene que trabajar muchísimo para que funcione la relación con un Escéptico; por eso entre los escépticos no suelen atraerse (no tienen suficiente combustible para encender el fuego ni suficiente jugo para apagar la sed) y normalmente se emparejan con perfeccionistas (que creen que cualquier cosa o persona es perfectible) o con complacientes (que son tan optimistas, comprensivos y generosos que derraman bondades para todos). Estos dos tipos son los que tienen más posibilidades de ayudar al Escéptico a superar sus problemas de traición, pero sólo si éste está dispuesto a regar por su cuenta esa semilla de esperanza que tiene enterrada muy en el fondo.

Los adictos al trabajo

El Adicto al trabajo es feliz con cualquier tipo; basta con que lo deje trabajar en paz, le dé lo más esencial de una relación (cierta cantidad de actividad sexual y compañía, por ejemplo), cumpla con su parte en las tareas domésticas y esté disponible para acompañarlo a las fiestas de la empresa. Sobre todo le gusta emparejarse con otra persona adicta al trabajo, porque así ninguno de los dos se preocupa por lo que no ocurre en la relación. Lo que hacen para divertirse es trabajar. Es como en el emparejamiento de dos flemáticos, nada cambia mucho en el ámbito de las emociones, pero eso sí, se trabaja mucho: construyen casas, crean imperios, dirigen empresas, establecen bufetes de abogados, etcétera.

Ni que decir tiene que este tipo de emparejamiento se ha vuelto bastante común en nuestra época, en la que todo el mundo trabaja demasiado y el trabajo se ha convertido en uno de los principales valores de nuestra cultura. Estos grandes realizadores están tan ocupados no relacionándose mutuamente que incluso pueden dejar en manos de otras personas la atención de sus relaciones secundarias: hijos, casas, animales domésticos. Niñeras, empleadas domésticas y empresas de servicios de jardinería y piscina hacen el trabajo de sostener esas otras relaciones, lo cual les va muy bien a los adictos al trabajo, que por lo general ven con más claridad su trabajo que sus relaciones personales.

A estas personas también les gustan los perfeccionistas porque sea lo que sea lo que dejen de hacer por su casa o por sus hijos, la pareja perfeccionista se encargará de que salga adelante. Un típico ejemplo de parejas de estos dos tipos son las del poderoso abogado y su ama de casa perfeccionista, o la del próspero empresario y su esposa que es una madre perfeccionista.

Claro que también les gustan los complacientes porque con su flexibilidad y su capacidad de adaptación siempre encajan bien su ajetreada vida sin quejarse. De tanto en tanto, un Adicto al trabajo se empareja con un Buscador de atención, si el talento de éste coincide con su campo de trabajo: la estrella de rock y su marido *manager*; el actor y su mujer directora de cine.

Los adictos al trabajo tienden a huir de los emotivos por el mismo motivo que huyen de éstos los flemáticos: porque no desean experimentar sus sentimientos. Ahora bien, aquellos pocos adictos al trabajo no tan testarudos, que comprenden que su adicción es una tapadera de algo que deberían mirar, quizá corran el riesgo de emparejarse con un emotivo y, por lo tanto, al cabo de un tiempo acaben trabajando menos y sintiendo más. Este emparejamiento será una oportunidad de verdadero crecimiento para este tipo.

Los perfeccionistas

Los perfeccionistas son felices con otros perfeccionistas, sobre todo si sus áreas de perfeccionismo son similares o complementarias. Al ama de casa perfeccionista le gusta un hombre que sea igual de organizado que ella en lo referente al coche, el garaje y las herramientas, mientras que los perfeccionistas elegantes pueden admirarse mutuamente o admirar la habilidad para llevar las finanzas, la decoración interior o las cuestiones de higiene del otro. Y como el perfeccionismo es una cualidad que estas personas admiran, normalmente la valoran, sea cual sea su forma. Ahora bien, podrían surgir problemas si el campo de pericia de uno difiere demasiado del otro (por ejemplo, ella es exigente en los horarios y él no; él es perfeccionista en la organización y a ella esto no le importa), sobre todo si uno se entromete o accede al del otro. Es probable que un experto, a su modo perfeccionista, intente mejorar los métodos del otro, generando así un continuo problema en la relación.

A los perfeccionistas también les va bien con los complacientes, porque estos indecisos se benefician de la tendencia del perfeccionista a manipular el movimiento de la realidad, y suelen agradecerlo, lo que le otorga al perfeccionista otro tipo de satisfacción. Esta combinación suele durar porque los dos obtienen algo de ella la mayor parte del tiempo; también funciona a modo de enseñanza, ya que los perfeccionistas necesitan aprender a aflojar las riendas, cosa que los complacientes siempre están dispuestos a hacer en aras de las necesidades del otro, y los complacientes necesitan aprender a buscar el objetivo, mantenerse firmes y sostener un enfoque, justo la especialidad de los perfeccionistas.

De hecho, los perfeccionistas, en su dedicación a perfeccionar a las personas (este tipo cree que es capaz de perfeccionar a cualquiera, convertir una oreja de cerdo en un bolso de seda) pueden ser felices al menos durante un tiempo con casi cualquiera de los otros tipos, porque la otra persona es para ellos un trabajo o proyecto: lograr que el buscador de atención se compenetre más con los demás, que el emotivo se calme o que el adicto al trabajo aminore la marcha. En oposición directa con los escépticos, que pueden arriesgarse a una relación con cualquiera de los tipos con la única finalidad de demostrarse que no va a funcionar, los perfeccionistas, en su optimismo, aceptan casi a cualquiera.

Y una vez que mantiene una de estas relaciones de «perfeccionamiento», se siente frustrado por la mala disposición o la incapacidad de su pareja para cambiar, y esto le ofrece la oportunidad de comprender que, por muy buenas que sean sus intenciones, los cambios que desearía efectuar en la otra persona sólo pueden surgir de esa persona. Si se conforma con eso, puede ser una pareja fabulosa; en caso contrario, estará continuamente insatisfecho y al final alejará a su pareja con sus exigencias y quejas.

Los fantasiosos

Los fantasiosos pueden mantener relaciones de fantasía con cualquier tipo, pero cuando se trata de algo serio, la cosa no es tan fácil. Si su deseo inconsciente de sintonizar con la realidad es lo bastante fuerte, harán buena pareja con perfeccionistas orientados a las personas, que podrían enseñarles algo sobre la verdadera naturaleza de las relaciones; con emotivos, que con sus estallidos los sacarían de sus fantasías; con flemáticos, que los mantendrían firmemente asentados en la realidad, e incluso con buscadores de atención, que les demostrarían una y otra vez que sus sueños no se van a hacer realidad, porque ocuparían toda su atención y no les dejarían ningún momento libre para soñar.

Los fantasiosos menos inclinados a cambiar suelen sentirse atraídos por los buscadores de atención, porque los cautiva la fantasía de cómo podría ser la vida con estas personas tan activas y relumbrosas. También les atraen los complacientes, que suelen consentirles sus fantasías. Asimismo, podrían acabar emparejados con controladores, sus opuestos radicales, porque en su vida de fantasía no creen estar tan controlados como lo están, y porque en la vida real suelen comprender, al menos inconscientemente, que necesitan ser controlados. Con menos frecuencia, también se emparejan con escépticos porque eso les permite fantasear con una bella relación, basándose en cualquier cualidad atractiva que acompañe al escepticismo de la persona escéptica.

Ahora bien, la mayoría de los fantasiosos pasan solos gran parte de su vida de relaciones, incapaces de reconciliar la fantasía con una verdadera relación, aterrizada en la vida real. Tienen relaciones imaginarias con todo el mundo, y ninguna en la realidad.

Los controladores

A los controladores les gusta cualquier persona que esté dispuesta a dejarse dominar, sobre todo las complacientes. También suelen emparejarse con emotivos, ya que como dan la impresión de que necesitan ser controlados, son retos vivientes para ellos. En la relación con cualquiera de estos dos tipos, el controlador tiene la oportunidad de aprender que, aparte del control, existen otras maneras de lograr los objetivos, por ejemplo la negociación, la consideración, la concesión o transigencia y la expresión de sus emociones más profundas. Estas lecciones son difíciles y muchas veces no las aprenden, ya que para aprenderlas tendrían que renunciar al control. De todos modos, estos dos tipos tienen muchísimo que enseñarles en el terreno emocional.

El subtipo más extremo de los controladores, el agresor, con mucha frecuencia se empareja con complacientes en su versión más extrema, y estas relaciones suelen ser destructivas y peligrosas, debido a que los dos miembros de la pareja se afirman en su tipo y ninguno aprende nada; es la clásica combinación del hombre que pega y maltrata a la mujer que tiene poca autoestima y no es capaz de dejar la relación.

En una visión más positiva, los controladores se emparejan con otros controladores para vivir en una continua lucha de poder que nunca se soluciona del todo. Lo interesante es que este emparejamiento suele convertirse en una relación duradera, especialmente cuando los dos están bien equiparados y aunque ninguno se rinde (eso estropearía la diversión), hay entre ellos un sano e inconsciente respeto mutuo; cada uno reconoce que si bien jamás podrá dominar al otro, el otro tampoco podrá dominarlo a él. Aunque tal vez estos controladores no amplíen su repertorio emocional a la hora de adquirir una mayor vulnerabilidad, también se protegen mutuamente de, lo creas o no, descontrolarse.

La persona buscadora de atención en algunas ocasiones es una opción para ellos, pero sólo si el controlador puede ejercer una forma concreta de dominio en su vida, como por ejemplo dirigir la familia, programar las actividades familiares o hacerle de representante o relaciones públicas.

Por lo general, los controladores no se emparejan con escépticos, ya que dominarlos no es muy divertido que digamos; nada más verlos se dan cuenta de que no son controlables y a ellos lo que les gusta sobre todo es relacionarse con cualquier persona a la que puedan intimar, sea cual sea su tipo, dejando de lado a los miembros fuertes de cualquier tipo capaces de defenderse.

Los complacientes

Los complacientes se sienten muy atraídos por los controladores y los perfeccionistas debido a que, en su mejor aspecto, estos tipos de voluntad fuerte son un sano equilibrio para su carácter indeciso. Como los complacientes suelen ser personas sin timón que centran demasiado la atención fuera de sí mismas, los controladores y los perfeccionistas tienen el positivo efecto de enfocarlos, como si dijéramos, y de ponerlos en una dirección.

En estas relaciones los complacientes tienen la oportunidad

de aprender a desarrollar esas fuerzas en sí mismos. Pero si son perezosos, no evolucionan; simplemente son dominados y controlados.

Dado que son tan sensibles, acomodadizos y tolerantes, se mantienen receptivos a todos los tipos por motivos que nada tienen que ver con las características de éstos en concreto. La verdad es que lo único que han de hacer los complacientes es estarse quietos, ser agradables y adaptarse, y todos los demás tipos correrán hacia ellos. Por lo tanto, sólo se relacionan porque la otra persona los ha elegido. Elegir conscientemente a alguien y luego descubrir y expresar sus necesidades es el reto constante para el complaciente, sea del tipo que sea su pareja.

Una última reflexión

Como hemos visto, cada tipo de personalidad representa algún aspecto de limitación en el amor, y sin embargo también ofrece una oportunidad para el desarrollo de sus parejas. En realidad, justamente las cosas que irritan de la otra persona, suelen ser las semillas de la mayor oportunidad de cambiar.

El cambio, la transformación, la consecución del equilibrio y el tratamiento y resolución de los problemas emocionales son los grandes regalos que ofrece cualquier relación. De hecho, en un plano más elevado, es para eso para lo que entablamos relaciones. Toda relación y toda persona con que nos comprometemos tienen algo que enseñarnos. Las cosas maravillosas de cada tipo de personalidad son el motivo de que nos enamoremos de una determinada persona. Sus cualidades cautivadoras nos atraen a una relación en que las cosas que nos irritan nos desafían a crecer.

Por esta razón, ningún tipo es mejor que otro ni está totalmente equilibrado; en eso radica no sólo la necesidad de mantener una relación, sino también su belleza, ya que mediante ambas cosas podemos avanzar hacia la compleción y desarrollar en un mayor grado aún, si cabe, nuestra capacidad de amar.

Las personas de todos los tipos, incluido el tuyo, han sufrido. Cada uno de nosotros lleva en su interior una herida en sus sentimientos y en su espíritu, y todos nos esforzamos por resolver ese doloroso problema emocional. Espero que saber esto te ayude a crecer en comprensión y compasión. A medida que comprendas que todos tenemos nuestras limitaciones, y que cada uno posee algo hermoso y necesario que aportar a la rueda de las relaciones, verás la necesidad de todos los tipos, de cada uno de nosotros, en realidad.

Por eso, sea cual sea tu tipo, el tipo que te atrae o el tipo de la persona con quien estás relacionado en estos momentos, puedes esperar amor.

Por último, dado que convertirse en ser humano es sobre todo un viaje de desarrollo personal y evolución espiritual, se puede decir que todos estamos inmersos en un proceso continuo de aprendizaje para ser mejores amantes y mejores personas. Te deseo que tu nueva comprensión de ti y de los demás aumente no sólo tu capacidad para ser amado, sino también la de amar. Porque más amor, en todos los ámbitos de la vida y para todos, es lo único por lo que verdaderamente vale la pena vivir.

CUADRO DE LOS TIPOS DE PAREJA

Tipo	Herida emocional	Actitud compensatoria	Emoción inconsciente que hay que tratar
1 El buscador de atención	Falta de amor	Narcisismo	Inseguridad
2 El emotivo	Caos emocional	Histeria	Miedo
3 El flemático	Dolor emocional profundo	Negación/Represión	Pena
4 El escéptico	Traición	Duda/Escepticismo	Desconfianza
5 El adicto al trabajo	Abandono	Distracción/Evasión	Aflicción
6 El perfeccionista	Inseguridad	Control	Responsabilidad excesiva
7 El fantasioso	Engaño/Mentira	Fantasías	Rabia
8 El controlador	Pérdida de poder	Agresividad, activa o pasiva	Poder
9 El complaciente	Sentimiento de indignidad	Adaptación	Vergüenza